Terza Guerra Mondiale: il Nostro Futuro? 2022-2023

La Verità sulla Guerra d'Ucraina, la sua Influenza sulla nostra Economia e sui Mercati Mondiali

-

Crisi Economica - Iperinflazione - Carenza di Cibo

Truth Leak Books

Disclaimer

Come è iniziato?

Questi conflitti risalgono a molto tempo fa. Gli antenati di ucraini, russi e bielorussi hanno vissuto insieme dal IX al XIII secolo nella Rus' di Kiev, un grande principato. Un'invasione mongola mise fine a quell'unità. L'Ucraina passò poi a pezzi nelle mani di numerose potenze, tra cui il Commonwealth polacco-lituano, l'Impero ottomano, l'Austria-Ungheria e l'Impero russo.

La prima volta che gli ucraini dichiararono l'indipendenza fu nel 1918, poco dopo la rivoluzione russa. Quell'indipendenza non durò a lungo e l'Ucraina fu assorbita nell'Unione Sovietica, come Repubblica Socialista Sovietica Ucraina. A questa furono dati quasi gli stessi confini dell'attuale Ucraina dopo la seconda guerra mondiale. Il leader sovietico Khrushchev trasferì la penisola di Crimea dalla Repubblica Sovietica Russa alla Repubblica Sovietica Ucraina nel 1954.

L'Ucraina ha sofferto molto durante il periodo dell'Unione Sovietica. Quando i contadini ucraini resistettero alla collettivizzazione dei terreni agricoli, Josef Stalin punì l'Ucraina provocando deliberatamente una carestia. Milioni di ucraini perirono.

L'Ucraina è indipendente dal 1991. In quell'anno, il 90% della popolazione ha votato per separarsi dall'Unione Sovietica.

E la lingua?

C'è una lingua ufficiale in Ucraina: L'ucraino. La lingua è imparentata con il russo, ma differisce significativamente. Paragonala alla differenza tra il tedesco e l'inglese.

A causa della storia nell'Impero russo e nell'Unione Sovietica, la maggior parte degli ucraini parla anche russo. Mosca ha cercato di russificare gli ucraini sopprimendo l'ucraino e imponendo il russo. Così, era pericoloso per gli scrittori ucraini pubblicare nella loro lingua.

L'attuale governo sta promuovendo l'ucraino con una legge sulla lingua del 2019. Questa rende l'ucraino la lingua obbligatoria nelle scuole e obbliga le stazioni TV e radio a trasmettere principalmente in ucraino.

Più di tre quarti della popolazione indica l'ucraino come prima lingua nei sondaggi. Per il 20%, il russo è la prima lingua. Il russo prevale ancora nell'Ucraina orientale e meridionale.

Perché l'Ucraina è così importante per il presidente Putin?

Putin ha spesso descritto il crollo dell'Unione Sovietica come "la più grande tragedia del ventesimo secolo". Probabilmente è stata anche la più grande tragedia della sua stessa vita.

Finì la sua carriera come spia del KGB nella Germania dell'Est, dove, secondo il nuovo libro Putin's People, scritto dalla giornalista investigativa Catherine Belton, fu probabilmente coinvolto in tentativi di assassinio da parte della Stasi, la polizia segreta della Germania dell'Est. Mentre l'Occidente celebrava la vittoria nella guerra fredda, Putin, secondo il suo stesso racconto, doveva sbarcare il lunario come tassista.

Per quanto riguarda Putin, le ex repubbliche sovietiche sono ancora subordinate a Mosca. Egli ritiene che i paesi appartengano alla sfera d'influenza russa, che lo vogliano o no.

Questo vale soprattutto per i vicini slavi Bielorussia e Ucraina. Putin punta alla storia condivisa nella Rus' di Kiev per negare l'esistenza della nazione ucraina. Ha detto pubblicamente per la prima volta nel 2013 che russi e ucraini sono "uno stesso popolo". All'annessione della Crimea, nel 2014, ha descritto Kiev come "la madre delle città russe". "La vecchia Rus' è la nostra fonte comune e non possiamo vivere l'uno senza l'altro", ha detto Putin.

Per il presidente russo, è inaccettabile che l'Ucraina o la Bielorussia si allontanino dalla Russia e scelgano la democrazia. Nel 2020, Putin ha sostenuto il dittatore bielorusso Aleksandr Lukashenko durante mesi di manifestazioni pacifiche contro palesi brogli elettorali. Da allora, Putin ha attirato la Bielorussia sempre più vicino alla Russia.

Dopo essere intervenuto contro i manifestanti in Kazakistan anche nel 2022, Putin ha detto che avrebbe sempre protetto la regione intorno alla Russia dalle "rivoluzioni di colore", riferendosi ai rivolgimenti democratici.

Perché il conflitto si sta intensificando ora?

Nella primavera del 2021, secondo le agenzie di intelligence occidentali, la Russia ha raccolto circa 100 mila soldati al confine con l'Ucraina. La Russia ha parlato di esercitazioni e ha detto che stava ritirando una parte dei soldati.

Ma in autunno, le agenzie di intelligence statunitensi hanno avvertito che la Russia non aveva ritirato una gran parte dei soldati e che era in procinto di un nuovo accumulo di truppe.

La Russia ha negato i piani di attacco, ma ha presentato un intero pacchetto di richieste di sicurezza. Il 17 dicembre 2021, la Russia ha lanciato un ultimatum agli Stati Uniti e alla NATO. Il presidente Putin ha minacciato "misure tecnico-militari" se la NATO non si fosse ritirata dalla Polonia e dai paesi baltici. Ha anche chiesto un impegno scritto dagli Stati Uniti e dalla NATO che le ex repubbliche sovietiche, come l'Ucraina, non dovrebbero mai diventare membri dell'alleanza occidentale. Gli Stati Uniti e la NATO hanno respinto queste richieste, ma erano disposti a negoziare sul controllo delle armi nucleari e sulle restrizioni alle esercitazioni militari.

Il presidente americano Biden ha detto nel gennaio 2022 che pensava che Putin avrebbe invaso l'Ucraina. Il 21 febbraio, Putin ha annunciato che avrebbe riconosciuto le due regioni separatiste dell'Ucraina orientale, Donetsk e Luhansk, come indipendenti. Nel discorso, Putin non ha lasciato dubbi: non si sarebbe fermato lì, l'Ucraina appartiene alla Russia. Tre giorni dopo, il 24 febbraio, è seguito un attacco militare contro obiettivi in tutto il paese.

Cosa vuole il popolo ucraino?

Una crescente maggioranza dei 45 milioni di ucraini è favorevole a unirsi alle alleanze occidentali. Una ricerca dell'istituto sociologico Kiis mostra che il 59% della popolazione vuole entrare nella NATO, il 28% è contrario. Il sostegno per l'adesione all'UE è ancora più alto.

Gli atteggiamenti filo-occidentali sono in aumento in Ucraina. All'inizio del conflitto con la Russia, nel 2014, una minoranza era ancora a favore dell'adesione alla NATO.

Ci sono differenze regionali: nell'ovest di lingua ucraina c'è più sostegno all'adesione alle alleanze occidentali che nell'est di lingua russa. Ma i sondaggi mostrano che anche nelle province orientali il sostegno a una rotta occidentale sta crescendo.

Cosa c'è di vero nell'affermazione di Putin che i paesi occidentali hanno promesso che la NATO non si sarebbe espansa verso est?
Dopo l'Unione Sovietica, la NATO si è espansa nell'Europa orientale e nei paesi baltici. Sette degli otto ex membri del Patto di Varsavia sono ora membri della NATO.

Secondo Putin, l'Occidente ha così rotto una promessa. Alla fine del 2021, alla sua conferenza stampa annuale, Putin ha detto: "Nessun pollice verso l'est", ci hanno detto negli anni '90. E che cosa? Hanno imbrogliato, ci hanno imbrogliato brutalmente".

Interi libri sono stati scritti sul pollice (2,54 centimetri), come Not One Inch della storica Mary Elise Sarotte. Questi mostrano che dopo la caduta del Muro di Berlino, ci furono effettivamente discussioni tra i leader occidentali e i leader sovietici su un divieto di espansione della NATO. James Baker, allora Segretario di Stato americano, chiese a Gorbaciov nel 1990 se il leader sovietico voleva assicurazioni che la NATO non sarebbe "avanzata di un pollice verso est". Gorbaciov disse in seguito che il suggerimento di Baker aprì la strada a un compromesso sull'unificazione tedesca.

Ma nessun accordo scritto fu mai raggiunto su di esso. Questo fu in gran parte perché il capo di Baker, il

presidente americano Bush, si opponeva con veemenza
a un tale accordo. Il trattato finale sull'unificazione
tedesca, firmato anche dall'Unione Sovietica, permise
alla Germania di unirsi alla NATO e non pose limiti
all'ulteriore espansione della NATO.

La Russia ha promesso per iscritto di non attaccare mai
l'Ucraina?
Sì. L'Ucraina era una superpotenza militare dopo
l'indipendenza con armi nucleari sovietiche. L'Ucraina
ha rinunciato a queste armi nucleari con la firma del
Memorandum di Budapest nel 1994, in cui l'Ucraina ha
ricevuto in cambio garanzie di sicurezza da Russia, Stati
Uniti e Regno Unito.

La garanzia più importante, che venti anni dopo sarebbe
stata violata dalla Russia: "l'astensione dalla minaccia o
dall'uso della forza contro l'integrità territoriale o
l'indipendenza politica dell'Ucraina".

Sempre nel 1997, attraverso un trattato di amicizia con
l'Ucraina, la Russia ha promesso di non violare i confini
del paese vicino.

Quanto è forte l'esercito ucraino?

Più forte che nel 2014, quando l'esercito ucraino fu
sopraffatto da quello russo. La Crimea è stata persa
senza sparare un colpo. Nell'Ucraina orientale, i soldati
ucraini hanno combattuto in scarpe da ginnastica e
senza giubbotti antiproiettile.

Ma l'Ucraina è senza speranza in una resa dei conti con la potenza nucleare Russia. La Russia ha quattro volte più soldati dell'Ucraina. La differenza è ancora maggiore in aria e in mare. Mentre la Russia ha 1.160 aerei da combattimento, l'Ucraina deve accontentarsi di 125.

Zelensky si rivolge ai mercenari russi: "Una lunga vita è meglio del denaro

In un recente discorso, Volodimir Zelensky ha messo in guardia le forze armate russe. "Siamo diversi ora da come eravamo nel 2014", ha detto il presidente ucraino in un video su Facebook a proposito dell'annessione della Crimea che è andata "senza combattere" all'epoca.

L'Ucraina di oggi, secondo Zelensky, è "capace di difendersi da un'invasione su larga scala per 22 giorni.

Il presidente ucraino, come un giorno prima, si è rivolto nuovamente ai combattenti russi. Questa volta ha avvertito in particolare i mercenari di altri paesi che vuole salvare dalla "peggiore decisione della loro vita". Zelensky ha detto che "una lunga vita è meglio del denaro offerto per una breve".

Ministro della difesa ucraino: "Avreste dovuto fermare prima questo mostro

In Ucraina, sono già morti più soldati russi in tre settimane che in due guerre cecene messe insieme, il numero di morti si avvicina a quello di dieci anni di guerra in Afghanistan.

Così dice il ministro della Difesa ucraino Oleksii Reznikov, che questa mattina al Parlamento europeo ha rimproverato aspramente l'Occidente: "Avreste potuto e dovuto fermare prima questo mostro".

Reznikov ha già fatto una profonda impressione mercoledì, secondo il ministro Ollongren e altri, in una conversazione video privata con i 30 ministri della difesa della NATO, questa mattina ha fatto di nuovo la sua storia al Parlamento europeo e questa volta pubblicamente. Otto anni fa abbiamo scelto l'Europa, e oggi continuiamo questa scelta armati. Non vediamo altra opzione che scegliere la civiltà, la democrazia e i diritti umani fondamentali, ma stiamo pagando un prezzo terribilmente alto.

Quello che il Cremlino sta facendo oggi è indescrivibile, Putin è l'Hitler del nostro tempo. Non posso parlare senza emozione del terrore di stato a cui assistiamo ogni giorno".

Dopo di che Reznikov ha raccontato come intere città e villaggi sono stati distrutti, saccheggiati e cancellati dalla mappa. A Marioepol, secondo le autorità locali, più di 20.000 persone sono state uccise. È stato bombardato un teatro dove si nascondevano donne e bambini, mentre il mostro di quell'aereo sapeva cosa stava facendo.

I convogli di aiuti sono costantemente bloccati e colpiti. Intere famiglie, così come i sindaci che si rifiutano di collaborare sono rapiti e uccisi, un giornalista americano che stava filmando un'evacuazione - non un atto di guerra, ma un'evacuazione - è stato colpito alla testa. L'obiettivo della Russia è di distruggere l'Ucraina. Si sarebbe potuto evitare tutto questo se si fosse fermato Putin prima. Non cercando di farlo rinsavire, ma fermandolo, come stiamo cercando di fare ora a un costo terribile".

Quale prezzo deve essere pagato?

Reznikov ha poi presentato alcune "statistiche": L'esercito ucraino, aiutato da masse di cittadini patriottici, ha già ucciso più di 14.000 soldati russi, disabilitato 450 carri armati e autoblindo, e sparato 750 aerei dal cielo. Continueremo così e vinceremo. Lo scopo del terrore è quello di creare paura, ma noi non abbiamo paura. Ma a quale costo? Il mondo intero sta ora pagando per l'inazione dell'Occidente".

Alla conclusione del suo discorso, Reznikov ha chiesto alla Camera più aiuti militari: anticarro e armi leggere, ma anche difesa aerea e armi per sparare più aerei ed elicotteri dal cielo.

E la politica delle sanzioni occidentali deve essere molto
più severa. Con la rabbia nella sua voce: ,,Ancora
aziende svizzere, tedesche e francesi fanno affari con la
Russia. Stanno facendo soldi a spese del sangue delle
nostre donne e dei nostri bambini. Vi daremo una lista
di queste aziende".

Tabella dei contenuti

La guerra russo-ucraina

La guerra russo-ucraina è una guerra in corso che coinvolge principalmente la Russia e le forze separatiste filorusse da una parte, e l'Ucraina e i suoi sostenitori internazionali dall'altra.

I primi otto anni del conflitto includono l'annessione da parte della Russia della penisola di Crimea (2014) e la guerra in Ucraina orientale (2014-oggi) tra l'Ucraina e i separatisti sostenuti dalla Russia, così come incidenti navali, guerra informatica e tensioni politiche. La guerra russo-ucraina è iniziata dopo che il presidente ucraino Viktor Yanukovych è stato deposto nel febbraio 2014 a seguito di manifestazioni pro-occidentali e la Russia ha successivamente occupato la Crimea. Questo ha portato a proteste nella parte orientale e meridionale dell'Ucraina.

Negli oblast ucraini orientali di Donetsk e Luhansk, le proteste sono degenerate in conflitto armato dopo che i ribelli hanno occupato diversi edifici governativi a partire dal 6 aprile 2014, e il governo ucraino ha schierato l'esercito in risposta. Gli insorti sono riusciti a prendere il controllo delle città di Donetsk e Luhansk, così come l'area a sud-est di esse fino al confine russo, dove hanno dichiarato l'autoproclamata Repubblica Popolare di Donetsk e Repubblica Popolare di Luhansk, per diventare parte della Russia proprio come la Crimea.

Le restanti aree del Donbas sono rimaste sotto il controllo dell'esercito ucraino.

Alla fine del 2021 e all'inizio del 2022, ci fu una nuova recrudescenza delle tensioni. Il 22 febbraio 2022, il presidente russo Vladimir Putin dichiarò che la Russia riconosceva le autoproclamate Repubbliche popolari di Donetsk e Luhansk, comprese le loro rivendicazioni sull'intero territorio di Donetsk Oblast e Luhansk Oblast, rispettivamente. Un'invasione russa di tutta l'Ucraina è seguita il 24 febbraio, intensificando significativamente il conflitto.

Il conflitto ha portato a un ulteriore deterioramento delle relazioni tra la Russia e l'Occidente, che erano già state gravemente tese in seguito all'annessione della Crimea da parte della Russia. L'Occidente accusa la Russia di sostenere gli insorti sia finanziariamente che militarmente, mentre l'Occidente è in realtà visto dalla Russia come responsabile del conflitto sfuggito di mano.

La storia dal 1991

Anche dopo che l'Ucraina è diventata un paese indipendente al crollo dell'Unione Sovietica nel 1991, la Russia ha continuato a considerarla parte della sua sfera di interesse. L'analista rumeno Iulian Chifu ritiene che per quanto riguarda l'Ucraina, la Russia sta perseguendo una versione modernizzata della dottrina Brezhnev sulla "sovranità limitata", che impone che la sovranità dell'Ucraina non sia maggiore di quella che era ai tempi del Patto di Varsavia prima del crollo della sfera di influenza sovietica.

Egli basa la sua argomentazione sulle dichiarazioni dei leader russi, che credono che l'eventuale integrazione dell'Ucraina nella NATO metterebbe in pericolo la sicurezza nazionale della Russia.

Dopo il crollo dell'Unione Sovietica alla fine del 1991, i due paesi hanno mantenuto legami molto stretti. Allo stesso tempo, c'erano diversi punti fermi, in particolare il sostanziale arsenale nucleare dell'Ucraina, che l'Ucraina era stata disposta a cedere solo dopo garanzie di sicurezza da parte delle potenze nucleari nel memorandum di Budapest (1994).

In esso, la Russia (e gli altri firmatari) hanno assicurato, tra l'altro, che avrebbero rispettato l'integrità territoriale e l'indipendenza politica dell'Ucraina e non avrebbero usato minacce o forza contro di essa. Nel 1999, la Russia era firmataria della Carta per la sicurezza europea, dove "affermava il diritto intrinseco di ogni stato partecipante di essere libero di scegliere o modificare i suoi accordi di sicurezza, compresi i trattati di alleanza, man mano che si evolvono"; entrambi si sarebbero rivelati inutili nel 2014.

Un secondo punto di contesa era la divisione della flotta del Mar Nero. L'Ucraina accettò di affittare il porto di Sebastopoli in modo che la flotta russa del Mar Nero potesse continuare ad usarlo con l'Ucraina. Dal 1993, attraverso gli anni '90 e 2000, l'Ucraina e la Russia hanno avuto diverse dispute sul gas.

Annessione della Crimea da parte della Russia

Pochi giorni dopo che il presidente Yanukovych è fuggito dalla capitale di Kiev nell'ultima settimana di febbraio 2014, uomini armati contrari al movimento Euromaidan hanno iniziato a prendere il controllo della penisola di Crimea. Nella capitale della repubblica autonoma di Crimea, Simferopol, e nella città portuale di Sebastopoli, governata in modo indipendente, sede di una base navale russa secondo il patto di Kharkiv del 2010, sono stati istituiti posti di blocco da soldati russi non contrassegnati che indossavano uniformi verdi e attrezzature militari.

Per la Russia, la Crimea era di grande importanza strategica perché lì, a Sebastopoli, c'era un'importante base della flotta del Mar Nero.

Secessione della Crimea minacciata. Tuttavia, la maggior parte dei tatari di Crimea (circa il 12,1% della popolazione della Crimea) si oppose all'intervento russo e sostenne i nuovi governanti di Kiev. Il Mejlis dei tatari di Crimea, attraverso il presidente Refat Chubarov, ha chiesto la formazione di squadre di autodifesa.

Intervento russo

In Crimea, decine di uomini armati hanno occupato il palazzo del parlamento nella capitale regionale Simferopol il 27 febbraio 2014. Hanno innalzato la bandiera russa. Due aeroporti vicino a Simferopol e Sebastopoli sono stati occupati da soldati russi.

Anche l'edificio della televisione di stato ucraina a Simferopol è stato occupato da una milizia filorussa o dall'esercito russo. Le azioni erano destinate a "preservare la posizione sul Mar Nero". Il Consiglio di Sicurezza delle Nazioni Unite si è riunito a New York in risposta a questi eventi.

Il 1° marzo, il presidente Putin ha ricevuto l'autorizzazione del Consiglio della Federazione Russa a schierare forze militari in Ucraina. Putin stesso lo aveva richiesto. Secondo lui, le truppe erano necessarie in Crimea per proteggere l'etnia russa e la flotta del Mar Nero. Il Cremlino ha parlato di schierare forze militari sul territorio dell'Ucraina. Questo ha lasciato aperta la possibilità di schierare truppe altrove rispetto alla Crimea. Tre ore dopo, il presidente ad interim Oleksandr Turchynov ha annunciato che l'esercito ucraino si era mobilitato. Ha avvertito la Russia che qualsiasi azione militare in Ucraina avrebbe portato alla guerra.

Il 6 marzo 2014, il parlamento della Crimea ha approvato un decreto secondo il quale la Crimea diventa parte della Russia. In preparazione a questo, l'indipendenza è stata dichiarata l'11 marzo.

Un referendum sull'adesione alla Russia si è tenuto il 16 marzo 2014, con la grande maggioranza della popolazione che ha votato a favore dell'adesione. Tuttavia, l'Ucraina, l'Unione europea e gli Stati Uniti non hanno riconosciuto questo referendum, ritenendo che fossero necessari negoziati preliminari con l'Ucraina e che la presenza militare russa avrebbe interferito con la libertà del voto.

Annessione

Il 18 marzo 2014, è stato ufficialmente annunciato che la Crimea era stata annessa dalla Russia. Questo è riconosciuto al di fuori della Russia solo dalla Bielorussia.Il 24 marzo, il governo ucraino ha deciso di evacuare tutti i suoi soldati e le loro famiglie dalla Crimea.

Accordi e cessate il fuoco

Il 5 settembre 2014, sotto la pressione internazionale, è stato concordato un primo cessate il fuoco, l'accordo di Minsk, ma è stato scarsamente osservato da entrambe le parti. Un nuovo accordo di cessate il fuoco, Minsk II, è stato raggiunto il 12 febbraio 2015. Questo accordo è stato ragionevolmente rispettato per un certo periodo di tempo, ma la violenza è esplosa di nuovo con più forza durante il 2016.

Aftermath

19

Il 25 gennaio 2016, il governo ucraino ha annunciato che l'Ucraina avrebbe fatto causa alla Russia per l'annessione della Crimea. Secondo l'agenzia di stampa ucraina UNIAN, il governo ucraino avrebbe portato il caso davanti al Tribunale internazionale per il diritto del mare e alla Corte internazionale di giustizia, tra gli altri.

Dopo l'annessione, espropriazioni di terre e altri tipi di confische, non di rado denominate "nazionalizzazioni", hanno avuto luogo su larga scala in Crimea.

Per aprire la Crimea, la Federazione Russa ha aperto il ponte di Kerch attraverso lo stretto di Kerch. Il 25 novembre 2018, la marina russa ha bloccato questo stretto, che forma il passaggio tra il Mar Nero e il Mar d'Azov.

La guerra in Ucraina orientale è un conflitto armato nel bacino del Donets (il Donbass) in Ucraina orientale tra gruppi separatisti sostenuti dall'esercito russo e l'esercito ucraino.

Il conflitto è sorto nella primavera del 2014, dopo che il presidente ucraino Viktor Yanukovych è stato deposto a febbraio a seguito di manifestazioni pro-occidentali e la Russia ha occupato la Crimea. Questo ha poi portato a proteste nella parte orientale e meridionale dell'Ucraina. Negli oblast ucraini orientali di Donetsk e Luhansk, le proteste sono degenerate in conflitto armato dopo che i ribelli hanno occupato diversi edifici governativi a partire dal 6 aprile 2014, e il governo ucraino ha schierato l'esercito in risposta.

I ribelli riuscirono a prendere il controllo delle città di Donetsk e Luhansk, così come l'area a sud-est di esse fino al confine russo, dove dichiararono la Repubblica Popolare di Donetsk e la Repubblica Popolare di Luhansk di diventare parte della Russia come Crimea. Le restanti aree del Donbass sono rimaste sotto il controllo dell'esercito ucraino.

Il 5 settembre 2014, sotto la pressione internazionale, è stato concordato un primo cessate il fuoco, l'accordo di Minsk. Tuttavia, questo accordo è stato scarsamente rispettato da entrambe le parti. Un nuovo cessate il fuoco, Minsk II, è stato raggiunto il 12 febbraio 2015.

Questo accordo è stato ragionevolmente rispettato per un certo periodo, ma la violenza si è riaccesa con più forza durante il 2016.

Il conflitto ha ulteriormente deteriorato le relazioni tra la Russia e l'Occidente, che erano già state gravemente tese in seguito all'annessione della Crimea.

L'Occidente ha accusato la Russia di sostenere gli insorti sia finanziariamente che militarmente, mentre l'Occidente era in realtà visto dalla Russia come responsabile del conflitto sfuggito di mano. Negli anni tra il 2014 e il 2022, l'Occidente, soprattutto gli Stati Uniti, hanno sostenuto militarmente l'Ucraina con armi, addestramento, esercitazioni congiunte, intelligence e denaro.

In un quadro più ampio, la guerra in Ucraina orientale fa parte della guerra russo-ucraina. Il conflitto russo-ucraino del 2021-2022 è un'escalation di quest'ultima guerra. Il 21 febbraio 2022, il presidente Putin ha riconosciuto le autoproclamate Repubbliche popolari di Donetsk e Luhansk, e tre giorni dopo, la Russia ha invaso l'Ucraina, provocando una guerra diretta tra i due paesi.

Prefazione

Nelle elezioni presidenziali ucraine del 2004, il filorusso Viktor Yanukovych emerse inizialmente come vincitore. Tuttavia, i risultati delle elezioni non furono accettati da gran parte della popolazione, il che portò alla rivoluzione arancione. Il risultato è stato infine dichiarato non valido, dopo di che si sono tenute nuove elezioni. Queste furono vinte dal filoeuropeo Viktor Yushchenko. Tuttavia, nelle elezioni del 2010, il filorusso Yanukovych fu ancora eletto presidente.

Il 21 novembre 2013, Yanukovych ha annullato i negoziati con l'Unione Europea per un accordo commerciale che avrebbe permesso una maggiore integrazione con l'Europa (l'accordo di associazione tra Unione Europea e Ucraina). Tuttavia, tra una parte della popolazione ucraina c'erano speranze di una più stretta cooperazione con l'Occidente, e Yanukovych ha creato un'enorme incomprensione tra loro con questa decisione.

Le proteste contro questa decisione seguirono in tutto il paese, che si trasformarono sempre più in proteste antigovernative (Euromaidan). Le proteste sono diventate sempre più violente e numerose persone sono state uccise in duri scontri tra la polizia e gli insorti. Il 19 febbraio 2014, l'Ucraina ha quindi dichiarato lo stato di emergenza. Pochi giorni dopo, Yanukovych fuggì da Kiev. Il parlamento depose il presidente, indisse nuove elezioni e nominò un nuovo speaker parlamentare.

I disordini si sono spostati da Kiev alla Crimea, nel sud, il 26 febbraio 2014. La maggioranza della popolazione di questa penisola, che apparteneva alla Russia fino al

1954, era russa e si opponeva al cambio di potere a Kiev. Il 27 febbraio 2014, decine di uomini armati hanno occupato il palazzo del parlamento nella capitale regionale della Crimea Simferopol. Anche altri importanti edifici sono stati occupati e il governo ucraino ha perso la sua presa sulla zona. Il Consiglio di sicurezza delle Nazioni Unite si è riunito a causa dell'annessione della Crimea, ma non ha raggiunto una soluzione. Il 16 marzo 2014, il parlamento della Crimea ha tenuto un referendum in cui il 95% ha optato per l'annessione alla Russia.

L'obiettività del referendum è stata messa in discussione in tutto il mondo e il governo ucraino ha dichiarato il referendum incostituzionale. Dopo il referendum, la Crimea ha dichiarato la sua indipendenza. Il 21 marzo, la Crimea e la città di Sebastopoli divennero stati costituenti della Russia, un fatto che sia l'Ucraina che la maggior parte degli altri paesi non riconoscono ancora oggi.

Minoranze russe in Ucraina

Dopo la cacciata di Yanukovych, le proteste contro il nuovo governo e la sua nuova direzione sono cresciute soprattutto negli oblast di Donetsk e Luhansk, dove vive un numero relativamente grande di minoranze russe. La polizia ucraina ha cercato di controllare la situazione, ma ci è riuscita a malapena. Il 6 aprile 2014, i residenti degli oblast di Donetsk e Luhansk hanno preso d'assalto gli edifici amministrativi. Influenzati dall'annessione della Crimea, i residenti di Donetsk e Luhansk hanno chiesto un referendum simile, come era avvenuto in Crimea.

Il 12 aprile, gli edifici governativi della città di Slovyansk sono stati occupati dai separatisti. L'organizzazione Donetskaya Respoeblika, fondata alla fine del 2005, ha proclamato la Repubblica Popolare di Donetsk il 14 aprile.

Trama del conflitto armato

Il 13 aprile 2014, il presidente ad interim ucraino Oleksandr Turchynov ha lanciato un ultimatum per porre fine all'occupazione degli edifici governativi, che ora si era espansa a ancora più città dell'Ucraina orientale e meridionale (come Horlivka, Kramatorsk e Mariupol). A questo scopo, l'uso dell'esercito era mantenuto come bastone. Tuttavia, la sua richiesta rimase senza risposta e il 15 aprile l'esercito ucraino fu ufficialmente schierato e iniziarono le azioni militari.

Lo stesso giorno, l'aeroporto di Kramatorsk, che era stato preso dai separatisti, è stato riconquistato dall'esercito ucraino. Nelle settimane seguenti, l'esercito ucraino è riuscito a ripristinare l'autorità in diverse città, ma i separatisti hanno mantenuto il potere a Donetsk e Luhansk, tra gli altri.

L'11 maggio, i separatisti hanno indetto un referendum sull'indipendenza di Donetsk. Osservazioni indipendenti erano impossibili durante il referendum, ma secondo i separatisti, l'89% era favorevole alla secessione. Il giorno dopo, Donetsk ha dichiarato la sua indipendenza. Lo stesso scenario si è ripetuto a Luhansk, portando alla proclamazione della Repubblica Popolare di Luhansk indipendente. Igor Girkin è stato proclamato leader dei ribelli, e ha dichiarato che tutti i membri dell'esercito e della polizia ucraina dovevano sottomettersi o lasciare la zona entro 48 ore, o sarebbero stati perseguiti come terroristi. Secondo l'Ucraina e l'Occidente, i referendum erano stati manipolati dalla Russia.

Intorno alle elezioni presidenziali ucraine del 25 maggio, che non si sono tenute nelle zone occupate dai separatisti, le offensive dell'esercito ucraino sono state interrotte. Tuttavia, dopo che Petro Poroshenko è stato eletto come nuovo presidente, le offensive sono riprese. I separatisti di Donetsk si sono dichiarati in guerra con l'Ucraina dopo le nuove offensive.

I combattimenti continuarono e alla fine di giugno almeno 423 persone erano state uccise, secondo l'ONU. Nel frattempo, il nuovo presidente aveva unilateralmente annunciato un cessate il fuoco l'8 giugno, ma non è durato. Il 13 giugno, Mariupol è stata finalmente catturata dal governo ucraino. Il 18 giugno è stato concordato un nuovo cessate il fuoco, ma dopo negoziati falliti, Poroshenko ha deciso di non estendere la tregua.

Dopo che una soluzione finale era fuori portata, l'esercito ucraino ha iniziato una nuova grande offensiva. Il 5 luglio, i combattimenti finirono a Slovyansk e Kramatorsk, dopo di che i ribelli si ritirarono a Donetsk. L'esercito avanzò ulteriormente ed effettuò anche raid di bombardamento sui campi ribelli di Donetsk.

Il 17 luglio 2014, un Boeing della Malaysia Airlines con numero di volo MH17 si è schiantato vicino al villaggio di Hrabove, nell'oblast' di Donetsk. A bordo c'erano quindici membri dell'equipaggio e 283 passeggeri, 193 dei quali erano di nazionalità olandese. Non ci sono stati sopravvissuti. Si concluse rapidamente che l'aereo doveva essere stato abbattuto.

Secondo gli analisti occidentali, il danno a parti dell'aereo corrispondeva all'impatto di schegge di un missile antiaereo. In Occidente, la responsabilità principale è stata attribuita ai ribelli separatisti e alla Russia, mentre da parte russa è stato suggerito che l'esercito ucraino è stato colpevole di aver abbattuto accidentalmente l'aereo.

C'era anche molta confusione intorno a un convoglio russo che veniva a fornire aiuti umanitari. Secondo Mosca, la Russia non stava fornendo aiuti militari, ma c'erano sempre più voci che i russi stavano sostenendo attivamente i ribelli.

Il 25 agosto, una controffensiva è arrivata dai separatisti
che hanno cercato di tenere le loro linee di
rifornimento. L'esercito ucraino è stato respinto in più
punti. La nuova avanzata dei separatisti e l'equilibrio di
potere emerso in seguito hanno fatto sì che le varie
parti fossero ora disposte a concordare un cessate il
fuoco. Il 1° settembre, i separatisti avevano già reso
possibile la consultazione dichiarando che non volevano
l'indipendenza, ma uno status separato all'interno
dell'Ucraina. Il 5 settembre, con l'accordo di Minsk, un
cessate il fuoco è stato dichiarato dalle varie parti. Il
cessate il fuoco è stato inizialmente osservato
abbastanza bene, anche se qua e là si sono verificate
delle violazioni che hanno provocato diversi morti.

Nel gennaio 2015, sembrava per un po' che le parti in
guerra si sarebbero avvicinate grazie a buoni colloqui.
Tuttavia, presto ci furono di nuovo numerosi incidenti e
scontri tra l'esercito ucraino e i separatisti, così che il
cessate il fuoco fu a malapena osservato durante il
mese di gennaio ed entrambe le parti si minacciarono a
vicenda con nuove offensive. In risposta alle crescenti
tensioni e conflitti, la comunità internazionale ha
chiesto un nuovo cessate il fuoco (Minsk II) per
rinnovare il precedente.

Il 7 febbraio 2015, il trattato è stato firmato dalle varie
parti. Nei mesi successivi, gli incidenti violenti hanno
continuato a verificarsi, ma erano sporadici.

Nel giugno 2015, feroci combattimenti si sono brevemente riaccesi, in particolare vicino alle città di Marjinka e Shirokyne, dove oltre 20 persone sono state uccise in un breve periodo di tempo. Il 17 agosto, otto morti civili si sono verificati in 24 ore e anche due soldati hanno perso la vita.

Nell'agosto 2015, la cancelliera tedesca Merkel, il presidente francese Hollande e Poroshenko hanno chiesto un nuovo cessate il fuoco.

Tuttavia, all'inizio di novembre, il numero di incidenti aumentò nuovamente. Il 14 novembre, è stato annunciato che cinque soldati ucraini erano stati uccisi in nuovi combattimenti nelle ultime 24 ore.[30]

Il 29 aprile 2016, un alto funzionario delle Nazioni Unite ha riferito al Consiglio di Sicurezza dell'ONU che un totale di più di 9.000 persone sono state uccise dall'inizio del conflitto. La violenza in Ucraina orientale si diceva ora fosse tornata al livello dell'agosto 2014.

Luglio 2016, secondo un portavoce ucraino, è stato il mese più sanguinoso da quando il cessate il fuoco è stato dichiarato un anno e mezzo prima. Ci sono state sparatorie quotidiane avanti e indietro, e dalla parte dell'esercito ucraino, 41 persone sarebbero state uccise nel periodo dal 27 giugno al 25 luglio. Diverse persone sono state uccise anche dalla parte dei separatisti durante questo periodo.

Il 1° settembre 2016 è entrata nuovamente in vigore una nuova tregua. I primi giorni dopo non ci sono stati morti; il 9 settembre il portavoce Lysenko ha riferito della morte di un soldato ucraino.

Il 3 febbraio 2017, sei soldati dell'esercito governativo ucraino sono stati uccisi dopo un'altra battaglia con i ribelli, che a loro volta hanno perso due civili. Secondo le Nazioni Unite, il bilancio delle vittime aveva ormai raggiunto le 10.000 unità.

Il 18 febbraio, i ministri degli esteri di Russia, Ucraina, Germania e Francia hanno raggiunto un nuovo accordo a Monaco su un cessate il fuoco, che sarebbe entrato in vigore due giorni dopo.

Alla fine del 2017, gli Stati Uniti hanno accettato di vendere armi letali all'Ucraina.

All'inizio di luglio 2019, il presidente ucraino Volodymyr Zelensky, appena eletto nell'aprile 2019, ha parlato per la prima volta con il presidente russo Vladimir Putin della guerra in Ucraina orientale. Inoltre, i due hanno riferito di aver discusso il rilascio di prigionieri e di continuare i colloqui a livello di esperti.

Nel 2020, il cessate il fuoco è stato ragionevolmente mantenuto, con una significativa diminuzione del numero di spari osservati dall'OSCE. Dalla fine del 2021, le tensioni nella zona aumentarono di nuovo, in parte a causa dello stazionamento di un numero crescente di soldati russi al confine russo-ucraino.

Parti in guerra

Il grosso della resistenza filorussa è formato dall'esercito russo e dalle milizie popolari del Donbass. Le milizie consistono nelle milizie del Donbass e di Luhansk che insieme formano le Forze Unite di Novorossiya, l'Esercito Russo Ortodosso, l'Esercito del Sud-Est e il Battaglione Vostok. Le milizie del Donbass e di Luhansk hanno un esercito di 20.000 persone, mentre le altre milizie sono piuttosto piccole. Inoltre, è sostenuto dall'Ucraina e dalla NATO, tra gli altri, che ci sono diverse truppe russe che sostengono i separatisti. Tuttavia, la Russia stessa sostiene che non ci sono truppe presenti e che sono solo volontari.

Tuttavia, questo non è vero secondo il sito ucraino Informnapalm.

Lato ucraino

L'esercito ufficiale costituisce il grosso della forza con circa 280.000 uomini. Inoltre, i paramilitari sono presenti con volontari locali e stranieri. Il loro numero è più difficile da stimare.

L'Occidente non è una parte militare nel conflitto, ma le consegne di armi sono state considerate dagli americani. Tuttavia, molti paesi europei, tra cui la

Germania, si sono opposti, ritenendo che il conflitto dovrebbe essere risolto diplomaticamente piuttosto che militarmente.

Risposte internazionali alla guerra

La NATO ha fatto riferimento al conflitto principalmente in termini di ruolo della Russia e ha criticato la possibile presenza di armi e truppe che hanno creato un disastro umanitario.

L'Unione europea ha visto in Ucraina un nuovo importante partner commerciale e quindi ha sostenuto il paese economicamente e umanamente. Diverse sanzioni sono state imposte contro la Russia.

La Russia si è vista come un osservatore del conflitto e ha negato il coinvolgimento nel suo deragliamento. La Russia, a sua volta, ha giustamente accusato l'UE e gli USA di escalation. Ha ritenuto di avere il diritto di proteggere le minoranze russe all'estero.

Gli Stati Uniti, in particolare, hanno visto la Russia come istigatrice di eventi e hanno chiesto che la Russia rimanesse fuori dal conflitto.

Dopo un grande sostegno diplomatico e politico, gli Stati Uniti hanno proceduto a fornire armi pesanti all'esercito dell'Ucraina. Queste includevano missili Javalin che furono trasferiti al fronte.

Effetti della guerra

A livello umanitario, la guerra è stata un disastro per i residenti del Donbass. Circa 1,2 milioni di persone hanno perso le loro case e molti sono in fuga.

Secondo una stima delle Nazioni Unite nel marzo 2015, almeno 6.000 persone erano state uccise nel conflitto fino ad allora.

A livello internazionale, la Russia e l'UE sono diventate invischiate e sono seguiti diversi boicottaggi ed embarghi da entrambe le parti.[49] Anche le tensioni tra gli Stati Uniti e la Russia si sono intensificate, portando a un punto basso nelle loro relazioni reciproche.

Una lettera, scritta da Putin nel giugno 2021 sul sito di notizie Zeit Online come prefazione per la guerra nel 2022

Esattamente 80 anni fa, il 22 giugno 1941, i nazisti, dopo aver conquistato tutta l'Europa, invasero l'URSS. Per il popolo sovietico, questo iniziò la Grande Guerra Patriottica, la più sanguinosa nella storia del nostro paese. Morirono decine di milioni di persone. L'economia e la cultura subirono danni immensi.

Siamo orgogliosi del coraggio e della fermezza degli eroi dell'Armata Rossa e dei lavoratori in patria che non solo hanno difeso l'indipendenza e la dignità della loro patria, ma hanno anche salvato l'Europa e il mondo intero dalla schiavitù.

Nonostante i recenti tentativi di riscrivere i capitoli del passato, la verità è che il soldato sovietico ha messo piede sul suolo tedesco non per vendicarsi dei tedeschi, ma per compiere la sua nobile e grande missione di liberazione. La memoria degli eroi della lotta contro il nazismo è sacra per noi.

Ricordiamo con gratitudine gli alleati della coalizione anti-Hitler, i combattenti della Résistance e gli antifascisti tedeschi, che hanno avvicinato la vittoria.

Nonostante le terribili esperienze della guerra mondiale, i popoli europei sono riusciti a superare l'alienazione e a ritrovare la strada della fiducia e del rispetto reciproci. Hanno tracciato la via dell'integrazione per porre un limite alle tragedie europee della prima metà del secolo scorso. In particolare, vorrei sottolineare che la riconciliazione storica tra il nostro popolo e i tedeschi dell'Est e dell'Ovest della Germania ormai unita ha giocato un ruolo colossale nella formazione di questa Europa.

Bisogna anche ricordare che furono gli imprenditori tedeschi a diventare pionieri della cooperazione con il nostro paese negli anni del dopoguerra. Nel 1970, un "affare del secolo" è stato concluso tra l'URSS e la Repubblica Federale di Germania con l'accordo sulle forniture di gas a lungo termine all'Europa. Questo pose le basi per un'interdipendenza costruttiva e successivamente rese possibili molti grandi progetti, come Nord Stream.

Speravamo che la fine della guerra fredda avrebbe significato la vittoria di tutta l'Europa. Non mancava molto, sembrava, al sogno di Charles de Gaulle di un continente unito, e non tanto geograficamente dall'Atlantico agli Urali quanto culturalmente e civilmente da Lisbona a Vladivostok.

Proprio in questo senso - nella logica di creare una grande Europa tenuta insieme da valori e interessi comuni - la Russia ha voluto sviluppare le sue relazioni con gli europei. Sia noi che l'Unione europea abbiamo potuto ottenere molto in questo modo.

Tuttavia, è prevalso un approccio diverso. Alla base c'era l'espansione dell'Alleanza Nord Atlantica, essa stessa una reliquia della guerra fredda. Dopo tutto, all'epoca era stata creata per il confronto.

La causa principale della crescente sfiducia reciproca in Europa risiedeva nell'avanzata verso est dell'alleanza militare, che per inciso iniziò con la persuasione de facto della leadership sovietica ad accettare che una Germania unita entrasse nella NATO. Le promesse verbali dell'epoca, sulla falsariga di "Questo non è diretto contro di voi" o "I confini del blocco non si avvicineranno a voi" furono troppo rapidamente dimenticate. Il precedente era stabilito.

Dal 1999 ci sono state altre cinque "ondate" di espansione della NATO. Altri quattordici paesi si sono uniti all'alleanza, comprese le ex repubbliche sovietiche, ponendo effettivamente fine a qualsiasi speranza di un continente senza linee di divisione.

Per inciso, uno dei massimi politici della SPD, Egon Bahr, aveva avvertito di questo. A metà degli anni '80, aveva proposto una radicale riorganizzazione dell'intera struttura di sicurezza europea dopo l'unità tedesca. Con la partecipazione sia dell'URSS che degli USA. Ma né in URSS, né negli USA, né in Europa qualcuno lo avrebbe ascoltato.

"Siamo aperti a una cooperazione equa e creativa"

Inoltre, a molti paesi è stata presentata una scelta artificiale - unire le forze o con l'Occidente collettivo o con la Russia. In realtà, questo era un ultimatum. Le conseguenze di questa politica aggressiva sono vividamente illustrate dall'esempio della tragedia ucraina del 2014.

L'Europa ha sostenuto attivamente il colpo di stato anticostituzionale armato in Ucraina. Tutto è iniziato con questo. Perché era necessario? Il presidente Viktor Yanukovych, che era in carica in quel momento, aveva già accettato tutte le richieste dell'opposizione. Perché gli USA hanno organizzato questo colpo di stato e perché gli stati dell'UE lo hanno appoggiato senza volerlo, provocando così la scissione all'interno dell'Ucraina e l'uscita della Crimea dallo stato ucraino?

L'intero sistema di sicurezza europeo è attualmente in uno stato desolato. Le tensioni aumentano, il rischio di una nuova corsa agli armamenti è palpabile. Stiamo perdendo le enormi opportunità che la cooperazione ci offre. Questo è tanto più importante oggi che dobbiamo tutti affrontare le sfide comuni della pandemia e le sue gravissime conseguenze sociali ed economiche.

Perché succede questo? E soprattutto: Quali conclusioni dobbiamo trarre insieme? Quali lezioni della storia dobbiamo ricordare? Secondo me, la cosa più importante è che l'intera storia post-bellica della Grande Europa ha dimostrato quanto segue: la prosperità e la sicurezza del nostro continente comune sono possibili solo attraverso gli sforzi congiunti di tutti i paesi, compresa la Russia. Perché la Russia è uno dei più grandi paesi europei. E noi sentiamo i nostri inseparabili legami culturali e storici con l'Europa.

Siamo aperti a una cooperazione equa e creativa. Questo sottolinea anche il nostro suggerimento di creare uno spazio comune di cooperazione e sicurezza dall'Atlantico al Pacifico, che potrebbe includere vari formati di integrazione, tra cui l'Unione europea e l'Unione economica eurasiatica.

Vorrei sottolineare ancora una volta: La Russia sostiene il ripristino di un partenariato globale con l'Europa. Ci sono molte questioni di interesse comune: sicurezza e stabilità strategica, salute e istruzione, digitalizzazione, energia, cultura, scienza e tecnologia, soluzioni ai problemi climatici e ambientali.

Il mondo è in evoluzione dinamica e si confronta costantemente con nuove sfide e minacce. E non possiamo permetterci di portarci dietro il peso di incomprensioni, ferite, conflitti ed errori del passato.

Un peso che ci impedisce di risolvere i problemi attuali. Siamo convinti che dobbiamo ammettere e correggere tutti questi errori. Il nostro obiettivo comune e indiscusso è quello di garantire la sicurezza del continente senza linee di divisione e uno spazio unificato per la cooperazione paritaria e lo sviluppo collettivo nell'interesse della prosperità dell'Europa e del mondo intero.

Negoziati con la Russia

Nulla in Ucraina suggerisce che la guerra russa finirà presto. Eppure, a differenza del resto del mondo, i negoziatori ucraini e russi sembrano credere in una possibile soluzione diplomatica. "Tutti stanno aspettando notizie", ha detto il presidente ucraino Volodimir Zelensky in un discorso lunedì dopo l'ultimo giro di colloqui tra i due paesi. La notizia è ancora lontana.

Non si dice che i colloqui di lunedì siano falliti; c'è stata solo una "pausa tecnica", ha detto l'inviato di Zelenski Mikhailo Podoljak. Il quarto round di negoziati inizia martedì. All'inizio di questo fine settimana, Podoljak ha twittato che sono stati fatti progressi, ora che "i russi non pongono più ultimatum, ma ascoltano seriamente le nostre proposte". Ha scritto che i negoziati saranno d'ora in poi sulla "pace, il cessate il fuoco, il ritiro immediato delle truppe e le garanzie di sicurezza".

Putin ha interesse a negoziare con l'Ucraina perché se questa invasione ha chiarito qualcosa è che la potenza militare della Russia sta vacillando. L'invasione è stata tutt'altro che liscia per la Russia ed è già costata la vita a migliaia di soldati.

L'avanzata russa è diventata un disastro logistico; Putin può ribaltare la situazione se cambia molto rapidamente la sua strategia o la "fortuna" deve venire rapidamente in suo soccorso. L'esercito ucraino sta offrendo una resistenza feroce, ha chiaramente una maggiore conoscenza del terreno, e sta ottenendo armi migliori e più efficaci fornite dall'Occidente. Inoltre, l'economia russa è in caduta libera da quando l'Occidente ha imposto dure sanzioni.

Ritiro accettabile

Non ci sono ancora segni che la Russia sia disposta ad abbandonare la sua invasione o a ritirare le truppe, ma sembra che Putin voglia almeno tenere aperta la possibilità di un ritiro "accettabile", se la sua guerra dovesse diventare troppo costosa per lui.

Anche il presidente Zelensky beneficia dei negoziati, anche se la sua opposizione alla forza d'invasione russa ha successo. Le probabilità marziali potrebbero cambiare per l'Ucraina, e non è certamente fuori questione che la Russia, dopo un inizio disastroso, possa recuperare militarmente e decidere la guerra a suo favore e, per esempio, prendere Kiev o raderla al suolo. La forza d'invasione russa, nonostante le numerose perdite, si sta avvicinando sempre più alla capitale.

Il prezzo umanitario che l'Ucraina sta pagando in questa guerra è già estremamente alto, poiché la Russia cerca di radere al suolo intere città. I russi ricorrono a mezzi sempre più pesanti man mano che la guerra continua. Nella sola città portuale meridionale di Marioepol, si stima che più di 2.500 civili siano morti. Lunedì, diversi tentativi di evacuazione sono falliti nella città; circa 160 civili sono comunque riusciti a fuggire dalla zona in auto. La città ucraina di Kharkov è costantemente sotto il fuoco russo, ha detto lunedì il sindaco della città. E la battaglia per Kiev deve ancora iniziare. Inoltre, gli appelli di Zelensky per una no-fly zone non vengono ascoltati in Occidente.

Fornitura globale di cibo a rischio
Inoltre, l'economia dell'Ucraina sta soffrendo ancora di più per l'invasione russa di quanto l'economia russa stia soffrendo per le sanzioni occidentali. Secondo il FMI, l'economia ucraina rischia di ridursi del 35% e l'approvvigionamento alimentare globale (compreso quello dell'Ucraina) è a rischio se la guerra non finisce presto.

È possibile che Putin speri che Zelensky rinunci alla Crimea e alle repubbliche autoproclamate nell'Ucraina orientale nei negoziati, permettendogli di vendere la guerra ai russi come una vittoria - Zelensky ha indirettamente fatto riferimento a questa possibilità la scorsa settimana.

Ma una vera svolta sembra improbabile fino a quando Zelensky e Putin non si parleranno direttamente, cosa che Zelensky sollecita da tempo. Lunedì, il Cremlino ha fatto sapere che la richiesta ucraina di farlo non è ancora stata ricevuta. Se si tratta di un incontro, probabilmente avrà luogo o in Israele o in Turchia.

Sanzioni!

"Gli Stati Uniti hanno dichiarato guerra alla Russia economicamente e stanno conducendo questa guerra", ha detto mercoledì il portavoce del Cremlino Dmitry Peskov. Mosca dice che sta seriamente considerando cosa fare dopo che il presidente degli Stati Uniti Joe Biden ha deciso martedì di vietare le importazioni di combustibili fossili come petrolio e gas dalla Russia. In precedenza, il paese ha imposto sanzioni alle banche russe, ai dirigenti e alla banca centrale del paese.

Secondo Peskov, la Russia è e resterà un fornitore di energia affidabile e continuerà a fornire flussi di energia. "Ma si vedono i baccanali, i baccanali ostili, che l'Occidente ha seminato. E questo, naturalmente, rende la situazione molto difficile e ci costringe a pensare seriamente", ha detto il portavoce.

Gli Stati Uniti e l'UE sono usciti precedentemente con dure sanzioni economiche a causa dell'invasione della Russia in Ucraina. Peskov ha annunciato sabato che i paesi occidentali che hanno imposto tali misure alla Russia sono colpevoli di "banditismo economico", secondo il governo russo.

Anche la nostra economia sarà colpita!

Ma la guerra ha anche gravi conseguenze per la nostra economia. Alcuni economisti avvertono addirittura che potremmo finire in recessione negli Stati Uniti e in Europa. 'Ho paura che sia possibile', dicono i maggiori economisti. Abbiamo già un'inflazione scomodamente alta che erode il potere d'acquisto, e sta peggiorando molto con l'aumento dei prezzi del petrolio e del gas. Anche le esportazioni verso la Russia sono praticamente ferme. E poi dobbiamo solo sperare che Putin non chiuda completamente il rubinetto del gas in Europa".

La Russia può gestire questa guerra?

La Russia è il paese più grande del mondo in termini di territorio, ma in termini di economia è un paese piccolo, relativamente parlando. L'anno scorso, l'economia russa ammontava a circa 1033 miliardi di euro. Questo è in realtà solo leggermente più grande di, diciamo, i Paesi Bassi, un paese in Europa (850 miliardi di euro), ma più piccolo di, diciamo, la Spagna (1200 miliardi) e più di tre volte più piccolo della Germania (3500 miliardi).

"L'economia russa si basa sull'esportazione di materie prime, non solo petrolio e gas, ma anche metalli, grano e altro", Nel 2021, il petrolio e il gas hanno rappresentato più della metà (55%) delle esportazioni, e quasi la metà (45%) delle entrate statali. "L'energia è una parte importante di queste esportazioni; la Russia è uno dei maggiori produttori di gas e petrolio del mondo".

È improbabile che le esportazioni di gas e petrolio della Russia verso l'Occidente si fermino. "Anche in passato, per esempio durante l'annessione della Crimea, le forniture fisiche di energia non sono mai state toccate. Si sta sempre lontani da questo".

Ma se si dovesse arrivare a questo, sia l'Europa che la Russia ne sarebbero colpite. "Perché noi in Europa abbiamo bisogno di quel gas e la Russia dipende dai nostri pagamenti".

L'economia delle materie prime della produzione di petrolio e gas, in particolare, ha portato molto alla Russia negli ultimi anni, sostenuta da prezzi più elevati. Di conseguenza, il paese ha enormi riserve finanziarie. Le riserve di valuta e d'oro sono state aumentate a 630 miliardi di dollari e il fondo sovrano detiene 174 miliardi di dollari.

Un divieto di Swift

Una dura sanzione che pende sulla testa della Russia è la disconnessione dei pagamenti internazionali disconnettendo le banche russe da Swift. Le banche di tutto il mondo usano Swift per le transazioni finanziarie internazionali, e scollegare un paese rende i pagamenti e i trasferimenti praticamente impossibili. Senza Swift, anche prelevare denaro da un conto bancario russo potrebbe diventare problematico per i russi comuni dentro e fuori la Russia.

L'UE si astiene per il momento dall'imporre la sanzione Swift, è stato annunciato questa sera a Bruxelles. Alcuni paesi dell'UE, come l'Italia e l'Austria, temono le ripercussioni sulle loro economie a causa dei grandi interessi e investimenti delle banche in Russia. Questi timori sono stati illustrati oggi dal crollo dei prezzi delle azioni di molte grandi banche europee. Ed è anche troppo presto per la pesante arma sanzionatoria Swift, il primo giorno dell'invasione, gli stati membri dell'UE hanno ragionato.

Il Regno Unito, attraverso il primo ministro Boris Johnson questa sera, ha annunciato altre sanzioni per conto proprio, tra cui il congelamento dei beni delle maggiori banche russe nel Regno Unito e l'esclusione dal sistema finanziario britannico. La chiusura di Swift è ancora aperta come sanzione, dice Johnson.

Gli Stati Uniti sono un forte sostenitore della sanzione Swift, anche perché i loro interessi finanziari ed economici in Russia sono piccoli, ma sono anche in attesa di farlo. Tuttavia, le misure punitive sono state estese a più banche e individui russi.

Su richiesta della Banca Centrale Europea (BCE), le banche europee hanno indicato la dimensione delle loro partecipazioni in Russia, e quindi ciò che è in gioco e potenzialmente perso. ING stima questo rischio a circa 4,9 miliardi di euro, Rabobank pensa a qualche decina di milioni. Solo ABN Amro dice che non c'è nulla da perdere.

Secondo le ultime cifre della BRI, la Banca dei Regolamenti Internazionali, le banche olandesi hanno 1,5 miliardi di dollari in sospeso con i residenti russi. Per le banche tedesche e francesi, i crediti sono molto di più, rispettivamente 7,4 e 8,7 miliardi di dollari. Le banche britanniche hanno il rischio più alto con 13,6 miliardi di dollari, mentre le banche statunitensi hanno il meno, solo 366 milioni di dollari. Da questo punto di vista, la moderazione finanziaria della Russia sta costando molto poco agli Stati Uniti.

Relazione economica tra Russia e Cina

Bypassare il blocco finanziario è difficile, ma non impossibile. Le banche sono sorvegliate dalle banche centrali e tramite Swift tutti i movimenti possono essere seguiti, e soprattutto gli Stati Uniti sono propensi a un duro blocco finanziario. Facendo comunque segretamente affari con la Russia, le banche rischiano multe e sanzioni da parte degli Stati Uniti.

La Russia e la Cina stanno lavorando al proprio sistema alternativo Swift dal 2015, i russi come precauzione dopo l'invasione della Crimea e i cinesi in vista delle sanzioni finanziarie per le schermaglie intorno a Taiwan. Il sistema SPFS della Russia ora gestisce il 20% dei pagamenti interni. La rete è ora limitata a paesi come la Bielorussia, il Kazakistan, la Turchia e l'Iran, più alcune decine di banche, tra cui banche in Germania e Svizzera. Tutto sommato, è ancora completamente inadeguato a sostituire Swift.

Russia e Cina stanno valutando se i due sistemi possono essere collegati, in modo che in caso di sanzioni internazionali i due possano continuare a commerciare tra loro, fuori dalla vista degli Stati Uniti. Le sanzioni contro la Russia in caso di invasione dell'Ucraina potrebbero addirittura accelerare la cooperazione tra russi e cinesi.

L'UE esclude 7 banche russe dal sistema di pagamento Swift.

Il Consiglio ha imposto ulteriori misure restrittive in risposta all'aggressione militare non provocata e ingiustificata della Federazione Russa contro l'Ucraina.

In particolare, il Consiglio ha vietato quanto segue:

la fornitura di servizi specializzati di messaggistica finanziaria utilizzati per lo scambio di dati finanziari (Swift), a Bank Otkritie, Novikombank, Promsvyazbank, Rossiya Bank, Sovcombank, VNESHECONOMBANK (VEB), e VTB BANK.

Tale divieto entrerà in vigore il decimo giorno successivo alla sua pubblicazione nella Gazzetta ufficiale dell'UE e si applicherà anche alle persone giuridiche, alle entità o agli organismi stabiliti in Russia i cui diritti di proprietà sono detenuti per oltre il 50%, direttamente o indirettamente, dalle suddette banche che investono, partecipano o contribuiscono in altro modo a progetti cofinanziati dal Fondo russo per gli investimenti diretti per vendere, fornire, trasferire o esportare banconote in euro in Russia o a qualsiasi persona fisica o giuridica, entità o organismo in Russia, compresi il governo e la Banca centrale della Russia, o per essere utilizzati in Russia.

Queste decisioni completano il pacchetto di misure annunciato dall'alto rappresentante il 27 febbraio dopo la videoconferenza dei ministri degli esteri dell'UE. Altre misure includono la fornitura di attrezzature e materiale alle forze armate ucraine attraverso il Fondo europeo per la pace, il divieto di accesso allo spazio aereo e agli aeroporti dell'UE per tutti i tipi di compagnie aeree russe, il divieto di transazioni con la Banca centrale russa e il divieto di trasmettere nell'UE per i media statali russi Russia Today e Sputnik.

L'Unione europea condanna con la massima fermezza l'aggressione militare non provocata e ingiustificata della Federazione russa contro l'Ucraina e chiede che la Russia cessi immediatamente le sue azioni militari, ritiri tutte le forze armate e l'equipaggiamento militare dall'intero territorio dell'Ucraina e rispetti pienamente l'integrità territoriale, la sovranità e l'indipendenza dell'Ucraina entro i suoi confini internazionalmente riconosciuti.

Le sanzioni fanno male a Putin?

L'UE ha congelato i beni che hanno nascosto in Europa.
"È logico che non si guardi solo l'entourage, ma anche
gli architetti dello spargimento di sangue".

Non solo l'Unione Europea sta imponendo sanzioni alla
Russia e a Putin, ma anche il governo degli Stati Uniti.
Tra le altre cose, il presidente Biden ha annunciato che
le grandi banche russe non avranno più accesso ai loro
beni negli Stati Uniti.

Biden ritiene che le persone che beneficiano
personalmente delle politiche russe dovrebbero anche
sentire il dolore di tali sanzioni. In parte per questo
motivo, gli Stati Uniti hanno messo i russi di alto livello e
i loro familiari su una lista di sanzioni.

Ma colpire anche il presidente russo stesso nel
portafoglio, questo è molto più difficile. Esattamente
quanto sia ricco Vladimir Putin non è affatto chiaro.
Nonostante, o forse grazie al fatto che è al potere da
vent'anni, è praticamente impossibile sapere quali beni
e conti bancari pieni gli appartengano.

Nessun conto bancario all'estero

Secondo i dati rilasciati annualmente dal Cremlino,
Putin ha guadagnato circa 140.000 dollari (124.000
euro) come presidente della Russia nel 2020. Gli unici
beni che elenca sono tre auto, una roulotte, un
appartamento di 75 metri quadrati e un garage. Putin

utilizza anche un altro appartamento a Mosca, di circa 150 m2, e due posti auto.

Inoltre, agli statisti russi è vietato avere conti bancari all'estero, ha detto in precedenza un portavoce del Cremlino all'agenzia di stampa Reuters. Quanto è probabile che questo sia l'unico bene di Putin e che, anche per questo, sarà molto difficile imporre sanzioni finanziarie a lui personalmente?

È possibile, scrive la rivista economica Forbes, che la mancanza di prove di un Putin ricco significhi in realtà che non ha molti soldi e vorrebbe solo che il mondo intero credesse il contrario. E non ha affatto bisogno di quei soldi, ha scritto un editorialista dell'agenzia di stampa Bloomberg nel 2013; dopo tutto, ha un intero paese sotto il suo pollice che è ai suoi ordini.

Ci sono altre due teorie sulla presunta ricchezza di Putin che Forbes trova più probabili. Per la prima, dobbiamo tornare al 2003 e all'arresto del magnate del petrolio Mikhail Khodorovsky. Fino alla sua condanna per, tra l'altro, evasione fiscale e frode, era l'uomo più ricco della Russia e un critico aperto di Putin.Chodorovsky doveva la sua ricchezza alla sua compagnia petrolifera Yukos, che fu fatta a pezzi dopo la sua condanna. Parlando a Forbes, il finanziere americano e critico della Russia Bill Browder dice che dopo l'arresto di Khodorovsky, Putin ha stretto un accordo con altri ricchi petrolieri.

Putin governa la Russia come la mafia

"Dammi metà della tua ricchezza e puoi tenere l'altra metà", secondo Browder, era la tattica del presidente. "Altrimenti Putin prendeva il 100% e ti buttava in prigione". Sulla base di quell'accordo, Putin sarebbe stato buono per 200 miliardi di dollari all'epoca, rendendolo l'uomo più ricco del mondo.

Un altro scenario di Forbes è il "modello mafioso". Putin assegnerebbe alla famiglia, agli amici e ad altre persone vicine a lui grandi contratti e li metterebbe a capo di grandi aziende. In cambio, riceverebbe denaro, azioni e altri benefici. Secondo l'economista svedese Ander Aslund, il patrimonio di Putin varrebbe tra i 100 e i 130 miliardi di dollari in base a questo scenario.

Come si svilupperà la guerra?

Nella prima mattinata di giovedì 24 febbraio, la Russia è entrata ufficialmente in Ucraina dopo molte speculazioni e minacce verbali. Laurien Crump, professore associato e ricercatrice in Storia delle relazioni internazionali, è stata ospite in diversi programmi per interpretare questo evento storico.

Quindi, come abbiamo spiegato nei capitoli precedenti, le radici di questo conflitto si trovano negli 11 mesi dopo la caduta del muro di Berlino nel 1989. "Gorbaciov, l'allora leader dell'Unione Sovietica, aveva grandi piani per una casa comune europea e un ritorno della Russia in Europa", tra le altre cose, sperava che la Conferenza sulla sicurezza e la cooperazione in Europa (CSCE), ora Organizzazione per la sicurezza e la cooperazione in Europa (OSCE), avrebbe contribuito a questo. Ma, poiché in quegli anni si stava combattendo anche la guerra del Golfo, l'attenzione si concentrò sempre più sulla NATO e sull'allora Comunità Europea, e su come espanderle verso est. Così divenne presto chiaro che non c'era posto per la Russia in Europa.

La prospettiva russa

"Dobbiamo anche capire che è estremamente minaccioso per la Russia avere un'alleanza militare così grande armata fino ai denti così vicino al confine russo [se la NATO dovesse espandersi, ndr]." Anche la retorica in Occidente prima dell'invasione non ha aiutato: il fatto che l'Occidente abbia continuato a gridare a gran voce che la Russia avrebbe invaso l'Ucraina è, secondo Crump, "un'ulteriore fiamma nella padella." E non è solo la Russia a diffondere la propaganda. Per settimane, la gente in Occidente ha parlato di un video russo che inscenava un attacco dell'Ucraina. "Nel frattempo, non c'è alcuna prova che quel video esista. Si vede anche da parte occidentale una sorta di retorica di guerra, che porta a un circolo vizioso".

Discorso di Putin nel febbraio 2022

Lunedì 21 febbraio, Putin ha pronunciato il discorso che annunciava l'incursione. "L'ho trovato davvero terrificante", dice Crump. "Fino a poco tempo fa, pensavo che ci potesse ancora essere una via d'uscita diplomatica; ora questo sembra superato. Putin dà l'impressione di essere distaccato dalla realtà". Fino ad ora, poteva ancora collocare le richieste russe in un contesto storico, dice, ma nel suo discorso di cinque quarti d'ora, Putin si rifà all'impero russo, o meglio all'impero di Kiev, a cui l'Ucraina apparteneva, negando così il diritto dell'Ucraina ad esistere come stato sovrano.

Crump sottolinea anche la tempistica del discorso. Il 20 febbraio, i giochi olimpici sono finiti, rappresentando un periodo di pace. "Fino ad allora, c'era la possibilità di negoziati diplomatici e Putin poteva ritirarsi senza perdere la faccia". Il periodo di diplomazia ora sembra tutt'altro che finito.

Tre scenari

Crump ha delineato tre scenari per l'avanzamento del conflitto, i primi due dei quali si sono già verificati. Il primo scenario era il riconoscimento di Donetsk e Lugansk come regioni indipendenti, permettendo a Putin di inviare forze militari in queste aree. Nel secondo scenario, Putin ha messo gli occhi sull'intera regione del Donbas, un'area nell'Ucraina orientale che è tre volte più grande di Donetsk e Lugansk. Il terzo scenario è che Putin vuole prendere tutta l'Ucraina. "Ha un sacco di truppe di stanza in Bielorussia, una flotta nel Mar d'Azov ed è già in Crimea, quindi l'Ucraina è già abbastanza circondata. Questo mi sembrava abbastanza improbabile prima, ma dopo il discorso ora è meno inverosimile".

Reazioni dall'Occidente

Dopo il discorso di Putin e il riconoscimento delle due "repubbliche", ha annunciato una "missione di pace" russa in quelle zone. Il primo ministro britannico Johnson parla ora di un'invasione, mentre l'Unione Europea si trattiene ancora su questo. C'è anche disaccordo su possibili sanzioni. "Si vede ora all'interno dell'UE che le ex repubbliche sovietiche in realtà vogliono un'escalation immediata, mentre altri stati membri, vogliono entrare gradualmente", spiega ancora Crump.

Indipendentemente dalle sanzioni che l'Occidente imporrà ora, la Russia ha preso in considerazione tutte le possibilità in anticipo. Per esempio, il ministro degli esteri russo ha detto prima che la Russia è ormai abituata al suo isolamento e alle sanzioni dell'UE. È quindi molto importante non abbandonare del tutto la diplomazia, dice Crump. "Quello che trovo pericoloso ora è che dichiarare superati gli accordi di Minsk, cosa che Putin ha fatto oggi, è in realtà una dichiarazione implicita di guerra". Ciò significa che una soluzione diplomatica diventa enormemente difficile. "Se i canali diplomatici si chiudono e la Russia è completamente isolata, ci sarà un'ulteriore escalation e andremo comunque al terzo scenario temo".

Sanzioni

Nella notte tra il 23 e il 24 febbraio, verso le 4 del mattino, arrivano le prime notizie dell'incursione russa in Ucraina. L'Unione Europea, gli Stati Uniti e altri paesi hanno annunciato sanzioni più severe. Il primo ministro britannico Boris Johnson, tra gli altri, è favorevole a tagliare completamente la Russia dal sistema internazionale Swift. Questo escluderebbe il paese dalla finanza internazionale. Anche Crump pensa che sarebbe una sanzione appropriata, dice. "C'è molta esitazione al riguardo ora, perché riguarda anche noi. Ma penso: se questo non è il momento giusto, quando lo è? Ora è il momento di porre fine a tutto questo".

"È la sanzione definitiva, e mi sembra che non si debba aspettare troppo a lungo". Anche se non la vede come una soluzione. "La parola 'soluzione' non è più appropriata; non vedo come questo possa essere risolto", dice Crump. "Altre misure sono possibili, ma anch'esse saranno controproducenti". Come esempio, cita l'isolamento della Russia nella diplomazia internazionale.

Crump torna sulla sanzione Swift, che è stata bloccata da alcuni paesi europei. Il pacchetto di sanzioni che è ora in atto è fermo, dice, "ma in relazione a ciò che sta accadendo ora in Ucraina e a un governo e un presidente russo che sono effettivamente fuori a rovesciare l'intero ordine mondiale post-Guerra Fredda, non credo che sia abbastanza fermo".

Tampone contro la NATO

Crump fa anche notare che la guerra non piace nemmeno a molti russi. "Si può vedere che Putin ha esagerato enormemente a livello di politica interna. Molti russi non sostengono [la guerra], e anche i russi putiniani ora chiedono di fermarla". A suo parere, la minaccia della NATO rimane il problema più grande. "Penso che Putin sia davvero preoccupato per l'Ucraina. Non credo che voglia annettere i paesi baltici o la Polonia o altri stati membri della NATO, ma vuole avere un cuscinetto lì".

Putin è tutto per il presidente Zelensky, pensa, e in particolare per la democratizzazione che lui rappresenta. "Penso che la speranza di Putin sia di installare una sorta di governo fantoccio, che a un certo punto, con l'aiuto dei russi, ma non con 190.000 truppe russe, possa rimanere a galla, come è successo in molti altri paesi della zona".

Centomila rifugiati ucraini

La NATO si è riunita per la prima volta il 25 febbraio, e ha deciso di inviare truppe in Europa orientale. "La NATO non può certo inviare truppe in Ucraina", dice Crump su News and Co (25 febbraio), "allora si è presto in una terza guerra mondiale, che deve essere impedita, naturalmente, quindi le truppe vengono inviate per assicurarsi che i russi non avanzino ulteriormente verso ovest e che i confini della NATO, che corrono vicino ai paesi baltici, siano rinforzati."

Nel frattempo, migliaia di ucraini sono fuggiti dal paese. Attualmente, le stime parlano di circa centomila rifugiati, ma la cifra potrebbe salire a quattro o cinque milioni. Crump sospetta che la maggior parte si stia dirigendo verso la Polonia e altri paesi vicini, dove, a differenza di altri rifugiati, sembrano benvenuti. "La regione" che normalmente associamo alla Siria o all'Afghanistan, qualcosa di molto lontano, ma "la regione" è ora l'Europa. E c'è una grande comunità polacca in Ucraina, che è davvero vista come un popolo fraterno, quindi i polacchi hanno una visione molto diversa".

Negoziati tra Ucraina e Russia

Il 28 febbraio avranno luogo i primi negoziati tra l'Ucraina e la Russia. Le possibilità che i due paesi raggiungano un accordo sono estremamente basse secondo Crump. "Prima di tutto, si svolgono al confine con la Bielorussia, cosa che Zelensky non voleva in primo luogo, perché la Bielorussia in realtà sostiene l'invasione", spiega. In secondo luogo, Putin ha già detto ieri sera che metterà le armi nucleari in stato di prontezza, quindi poi si negozia con un coltello molto grande sul tavolo".

Questo è anche visto come un giorno cruciale per le città di Kyiv e Kharkiv. "C'è una costante avanzata dei russi, d'altra parte la resistenza è molto più grande di quanto i russi avessero stimato, si stanno facendo errori tattici da parte russa, l'aeroporto vicino a Kyiv non è ancora in mani russe e questo è cruciale. Quindi non è ancora un affare fatto", ha detto Crump.

Armi nucleari russe in posizione

Un giorno prima, Putin ha minacciato di usare armi nucleari. "L'avanzata in Ucraina non sta andando così veloce come sperava. Penso che avesse sperato di aver preso Kiev molto tempo fa, quindi si sta vedendo un po' come un gatto in un angolo che fa strani salti qui", dice

Crump. "Ed è collegato a una dottrina russa, la dottrina Gerasimov, che vede le armi nucleari come un passo logico nell'ulteriore escalation di un conflitto militare".

Se Putin schiererà effettivamente le armi nucleari Crump non osa dirlo. "Non credo che possiamo escludere nulla a questo punto. L'Occidente sta cercando di essere molto cauto su questo, sostenendo l'Ucraina in tutti i modi, con armi, aiuti umanitari, sanzioni e così via, ma non inviando truppe militari lì. Quindi, se dipende dall'Occidente, non significa questo. D'altra parte, dalla parte russa, si vede l'apparizione di un presidente imprevedibile, che mette il suo punto di vista su tutto. Quindi, che cosa ci metterà sopra, è totalmente incerto per ora".

Comunità internazionale unificata

Crump risponde alla domanda su come l'Occidente dovrebbe rispondere a queste minacce. "Quello che si vede è che l'Occidente è molto meno diviso di quanto Putin avesse sperato", risponde. "Anche l'Unione europea è straordinariamente unita. Persino un ex alleato di Putin, il primo ministro ungherese Orbán, ha appoggiato le sanzioni dell'UE". Ha anche menzionato una Corea del Sud, un Giappone e Singapore, che stanno anche imponendo sanzioni. "Anche la posizione della Cina è notevole", ha detto Crump. La Cina non ha condannato l'invasione, ma si è astenuta al Consiglio di Sicurezza delle Nazioni Unite quando ha votato per condannare l'ONU.

Non molto dopo, la Cina si è offerta come "mediatore neutrale". "La Cina è molto divisa", spiega Crump. "Non vogliono esprimersi contro l'invasione, ma d'altra parte ora sono soli in questo e i cinesi sono sempre molto a favore della sovranità e del non intervento".

Anche la Cina ha legami con l'Ucraina; è il primo partner commerciale dell'Ucraina. Secondo Crump, c'è una reale possibilità che il paese assuma quindi questo ruolo di mediazione.

Corte internazionale di giustizia e Corte penale internazionale

Ci sono sempre più voci che chiedono che Putin sia condannato anche attraverso la Corte Internazionale di Giustizia. "La Lituania ha anche aggiunto al mix portando la Corte penale internazionale", dice Crump. Putin potrebbe quindi essere classificato come criminale di guerra e unirsi a una famigerata lista di altri dittatori.

Tuttavia, anche questo è improbabile che cambi la mente di Putin. "Non riconosce tutti quei tribunali, ma questo si aggiunge al suo status di paria. E potrebbe contribuire all'ulteriore erosione del suo sostegno, non solo in Russia ma forse anche all'interno del suo stesso entourage".

Sostegno fatiscente

Quel supporto sta già evaporando comunque, dice Crump. "Si può vedere su una serie di fronti che il sostegno sta evaporando molto rapidamente". Lei cita i russi che possono aver precedentemente votato per Putin, ma che ora si stanno rivoltando contro di lui. Ma anche sempre più oligarchi, che prima navigavano a destra del regime di Putin, vedono la guerra come una causa persa. Soprattutto ora che costerà molto denaro a causa delle sanzioni.

"E ci sono voci, ma naturalmente questo è molto più difficile da verificare, che ci sono anche persone nell'entourage di Putin che pensano che lui ora stia andando troppo oltre". Lei indica filmati televisivi di conversazioni scomode con persone nel consiglio di sicurezza, che dice non danno proprio la risposta che Putin aveva preparato con loro.

L'effetto delle sanzioni

Il 2 marzo, Crump ci dice che le sanzioni economiche non scoraggeranno Putin a breve termine. Tuttavia, assicurano che la pressione sarà esercitata su di lui dal basso. "Come paese, la Russia può rimanere a galla finanziariamente credo, ma il popolo russo lo sta già sentendo nelle sue tasche. Non possono prelevare denaro o trasferire denaro all'estero o ricevere denaro dall'estero. Non possono più portare molto denaro all'estero, quindi le proteste stanno crescendo su una scala senza precedenti anche in Russia".

Putin sta creando un nemico nel popolo, sostiene Crump. "Supponiamo che Putin prenda l'Ucraina - sta già bombardando tutte quelle città - allora avrà presto un paese in cui dovrà stabilire un governo fantoccio per attuare un cambio di regime.

Ma un governo fantoccio come quello avrà difficoltà a trattare con un popolo che ha resistito così vigorosamente, e che continuerà a farlo. Puoi vincere militarmente, ma se non vinci i cuori e le menti, non puoi governare quel paese", ha detto Crump.

Fornitura di energia

Il presidente Biden ha annunciato che l'America smetterà immediatamente di importare gas e petrolio russo. Crump spiega le implicazioni di queste nuove sanzioni, per la Russia e l'Europa. "Finché rimane con l'America, non è un colpo così duro per la Russia. Sarà un colpo davvero duro solo se anche l'Unione Europea sosterrà questo". In risposta a questa mossa degli americani, la Russia ha minacciato di chiudere il rubinetto del gas del Nord Stream 1, il gasdotto attraverso il quale il gas scorre dalla Russia a tutta l'Europa.

"Questa minaccia è efficace dal punto di vista russo perché permette a Putin di essere divisivo. Questo è un punto di rottura perché ha enormi ripercussioni per l'Europa e i paesi dell'UE, ma non per gli Stati Uniti".

L'America, tuttavia, è ben consapevole delle tattiche di Putin: "Si può vedere che Biden nel suo discorso sta già cercando di anticipare retoricamente questa minaccia dicendo che non si aspetta che l'UE lo segua", dice Crump.

In Europa, attualmente c'è ancora abbastanza fornitura di gas per durare fino alla fine dell'inverno, e sono in corso piani, come in altri paesi, per ridurre la dipendenza dalla Russia.

Negoziati diplomatici in corso
Nel frattempo, l'Ucraina e la Russia rimangono in trattative. Questo, secondo Crump, indica che entrambi i paesi sono ancora interessati a una via d'uscita diplomatica. Spiega anche che questa via d'uscita comporta un "atto di bilanciamento molto complicato".

"Il conflitto sembra essere in una situazione di stallo su entrambi i fronti, sia militare che diplomatico", dice. "Non è una coincidenza. Entrambe le parti sperano di ottenere altre vittorie militari e poi usarle per forzare le concessioni a livello diplomatico".

Eppure, c'è speranza. Crump fa notare che le richieste sia dell'Ucraina che della Russia sono leggermente cambiate. "Quello che il presidente russo Putin ha detto all'inizio su questo grande impero russo che immaginava e la sua idea di un rapido cambio di regime in Ucraina, queste cose ora sembrano un po' più lontane. D'altra parte, il presidente ucraino Zelensky ha detto che è anche negoziabile togliere dal tavolo l'idea di una possibile adesione alla NATO per il suo paese e possibilmente considerare l'Ucraina un paese neutrale con garanzie di sicurezza". Inoltre, Putin non insiste più sulla sostituzione del regime ucraino, dice Crump. Inoltre, i sottogruppi stanno lavorando sulle definizioni.

"Questo presuppone che certi argomenti siano già stati negoziati in modo un po' più concreto, che si stia lavorando anche su un testo". Anche se è probabile che si tratterà ancora di un cessate il fuoco temporaneo e di corridoi umanitari.

L'assenza di un cessate il fuoco, tuttavia, è un segno meno promettente. "Se si sta davvero negoziando seriamente, come minimo c'è un cessate il fuoco per dare un'opportunità di riflessione per un po' e non l'abbiamo visto finora", ha detto Crump a VTR News. Avverte anche che è possibile che la Russia stia usando i negoziati come strumento di propaganda. Un'indicazione di questo è il fatto che il ministro degli esteri russo ha detto ad Antalya che non ha alcun mandato per parlare di corridoi umanitari.

Crump dice: "Questo suggerisce, in primo luogo, che Putin è ancora saldamente in controllo su quel fronte, e, in secondo luogo, che il negoziato è più una trovata propagandistica dei russi. Che può dire: 'Siamo in missione di pace e stiamo cercando di fare la pace', che un accordo di pace è davvero cercato seriamente".

E se Putin perde la guerra? E se vincesse? Questi sono 8 otto scenari di ciò che potenzialmente potrebbe accadere...

La guerra in Ucraina La battaglia in Ucraina sta andando più difficile di quanto Mosca si aspettasse. Eppure Putin potrebbe ancora vincere la guerra. Ma cosa succederà dopo? Per Putin, il futuro non sembra luminoso in quasi tutti gli scenari.

Per gli Stati Uniti, è certo: Il piano di Vladimir Putin era di catturare Kiev in pochi giorni e spodestare il presidente ucraino Zelensky.

Non è andata così. Più di due settimane dopo l'inizio dell'invasione, i carri armati russi sono sul fiume Dnieper, ma una vittoria russa sul campo di battaglia non è affatto certa.

Con la "speciale operazione militare" di Putin impantanata in un caos sanguinoso, gli analisti sono preoccupati per una domanda: come finirà?

Nessuno può prevedere il futuro. Ma è possibile elaborare degli scenari, non come previsione, ma come primo aiuto per pensare alla guerra di Putin. Il risultato effettivo conterrà probabilmente elementi di diversi scenari.

Allo stesso tempo, però, è anche chiaro: nella maggior parte degli scenari Putin non otterrà ciò che intendeva.

SCENARIO 1

Putin perde la battaglia, perde il suo trono

La campagna militare è completamente impantanata, con perdite russe sempre crescenti.

Per ricostituire le unità decimate, Putin è costretto a usare i coscritti. Tuttavia, la resistenza degli ucraini non può essere spezzata. In una guerra, la morale pesa tre volte più del materiale, recita uno dei tanti luoghi comuni sui conflitti armati.

Dopo solo due settimane, la TV di stato russa inizia a porre domande difficili ad alta voce. Con i primi coscritti russi uccisi, l'opinione in Russia si rivolta presto contro il Cremlino - la propaganda di stato perde contro le madri russe che piangono sulla Piazza Rossa.

Putin è costretto a ritirarsi dietro il confine russo-ucraino. Nello scenario meno disastroso per lui, riesce a mantenere uno o più dei tre territori ucraini che controllava anche prima dell'invasione - Donetsk, Luhansk, Crimea. Un premio di consolazione per limitare la perdita di faccia.

Una perdita potrebbe anche rivelarsi più disastrosa per lui: Putin perde la Russia. Una coalizione anti-Putin di oligarchi frustrati, paladini fumati e alti ufficiali militari delusi emerge per rovesciare il regime. Contro questo scenario, Putin ha decimato l'opposizione politica e i media critici negli ultimi anni. Anche in questo scenario, la guerra ha sconvolto un paese ed è costata migliaia di vite.

SCENARIO 2

Putin vince la guerra, ma perde la pace

Gli analisti militari occidentali hanno ragione: Alla fine la Russia è troppo forte. Dopo un inizio incerto nelle prime due settimane dell'offensiva, Putin mette in ginocchio il governo Zelensky, possibilmente con un assedio prolungato delle città. Per spezzare l'ultima volontà di combattere, l'esercito russo può schierare un'altra arma nucleare tattica, uccidendo migliaia di persone in una volta sola.

La Russia prende il potere a Kiev. Il presidente ucraino Zelensky non può giustificare altra morte e distruzione nel suo paese e si rifugia all'estero. Le forze armate ucraine depongono le armi. Putin installa un regime guidato dall'ex presidente Viktor Yanukovych, fuggito nel 2014.

I media statali russi cantano vittoria: La missione di Putin è completata, la Russia storica è di nuovo una. Lentamente, inoltre, la coalizione di sanzioni che l'Occidente aveva forgiato si sta sgretolando. Le imprese e i cittadini delle volubili democrazie stanno cominciando a sentire il dolore di profitti più bassi e bollette più alte. I panettieri prevedono un prezzo del pane di 6 dollari.

In uno scenario favorevole a Putin, canterà le sanzioni. Una grande crisi economica non significa necessariamente la caduta di un regime autocratico, ha scoperto lo storico Tom Pepinsky.

Più realisticamente, Putin potrebbe scoprire che anche se ha vinto la guerra, ha un problema enorme tra le mani. L'Ucraina è leggermente più grande della Francia. È un'area che non si può semplicemente occupare. "Anche i 190.000 militari ora dispiegati sono insufficienti per controllare il paese", dice Tim Sweijs, esperto di difesa al Centro di studi strategici dell'Aia. "Basta guardare gli interventi occidentali in Iraq e Afghanistan.

Gli ucraini non hanno alcuna intenzione di rassegnarsi all'inevitabile, soprattutto dopo tutti i sacrifici. Una resistenza sostenuta dall'Occidente con armi e denaro sta trasformando la guerra di Putin in una guerriglia prolungata che perseguita Putin e il resto del suo governo. La Russia langue sotto un regime internazionale di sanzioni e isolamento.

SCENARIO 3

Putin consolida le conquiste, spartendosi l'Ucraina

Il governo di Zelensky deve alla fine fuggire da Kiev e stabilirsi a Lviv, la nuova capitale. Le truppe russe si fermano al fiume Dnieper e si trincerano.

"Potrebbe arrivare un momento in cui Putin dice: dichiariamo la vittoria e andiamo a casa", dice Sweijs. Si sta tracciando un nuovo confine nazionale: l'Ucraina meridionale e orientale, compresa la Crimea, vengono annesse alla Russia. De facto, l'Ucraina "russofona" passa sotto la bandiera russa.

Putin otterrebbe una serie di obiettivi in questo caso, ma corre il rischio che lo stato rupestre dell'Ucraina si unisca definitivamente all'Occidente.

SCENARIO 4

Putin attacca ancora un altro paese non-NATO

Dopo che Putin riesce a stabilizzare la situazione sul campo di battaglia, il suo occhio avido si rivolge ad altre zone cuscinetto. "Mi sembra molto probabile che passerà alla Moldavia, per esempio", dice l'ex ambasciatore NATO Timo Koster, ex direttore della politica di difesa. La regione moldava della Transnistria è filorussa.

Con la Bielorussia, che ha già in tasca, e un governo amico a Kiev, lui e la piccola Moldavia avrebbero il controllo della zona di confine su tutto il fianco orientale della NATO, dalla Finlandia alla Turchia. Putin sta anche forgiando un'alleanza militare con la Serbia amica della Russia. A Belgrado, dopo due settimane di guerra, ci sono ancora manifestazioni a suo favore.

Putin sta correndo un rischio in più perché la NATO ha chiarito che non ha intenzione di difendere i paesi non appartenenti alla NATO con la forza delle armi. La linea rossa è il confine della NATO.

Quando gli Stati Uniti hanno minacciato Putin di sanzioni alla fine del 2021, ma hanno anche detto che nessun soldato avrebbe combattuto in Ucraina, "Putin lo ha visto come una luce verde", pensa Koster. Questo potrebbe valere anche per altri paesi non appartenenti alla NATO.

SCENARIO 5

Putin mette alla prova la solidarietà della NATO

Può anche essere che Putin pensi che l'Occidente non risponderà con la forza militare a un attacco contro un paese della NATO, suggerisce Koster. Sarebbe un passo enorme per Putin, ma, dice Koster, non possiamo più permetterci di non pensarci.

Dopo l'Ucraina, quindi, entrano in scena gli stati baltici. Dopo tutto, una teoria sulla motivazione di Putin è che non è solo preoccupato per l'Ucraina, ma vuole riparare l'incidente storico della scomparsa dell'Unione Sovietica.

Tuttavia, se Putin decidesse di invadere i paesi baltici, entrerebbe immediatamente in lotta con i militari dei paesi occidentali della NATO di stanza lì. Di conseguenza, l'aggressione russa nella regione baltica finisce quasi immediatamente in un conflitto armato con la NATO. Sweijs non considera questo scenario probabile.

"La NATO ha reso molto chiaro che reagirà in modo irremovibile a un attacco contro un membro dell'alleanza".

SCENARIO 6

La NATO interviene in Ucraina, guerra con la Russia

Sia gli Stati Uniti che la NATO hanno inviato un chiaro messaggio nelle ultime settimane: l'Occidente non vuole essere coinvolto nella guerra in Ucraina. La domanda, tuttavia, è quanto tenace rimarrà questa posizione se Putin riduce in cenere le principali città dell'Ucraina.

È, ha scritto l'ex ufficiale dei servizi segreti americani Chris Chivvis per il think tank Carnegie, una grande sfida per l'amministrazione Biden mantenere il sangue freddo anche allora.

L'Occidente si trova di fronte a un dilemma: l'intervento porterebbe alla provocazione di Putin? "La deterrenza da parte dell'Occidente non ha funzionato; la domanda è se vogliamo continuare ad essere deterrenti da Putin", dice Koster. Questa domanda si ripropone continuamente: con sanzioni più severe, con la fornitura o meno di jet da combattimento, con l'istituzione della no-fly zone che Zelensky chiede con tanta passione.

L'opinione pubblica può giocare un ruolo qui, crede Sweijs. "Negli interventi occidentali degli ultimi trent'anni, l'emozione 'dobbiamo fare qualcosa' è stata spesso il motivo principale, senza che le conseguenze fossero state ben pensate. Una no-fly zone sarebbe un'operazione molto pericolosa".

"Lo scenario di cui ho più paura", dice Sweijs, è un'escalation involontaria. Un errore, un'interpretazione sbagliata delle azioni dell'altra persona, può avere grandi conseguenze". La peggiore conseguenza possibile è il dispiegamento di armi nucleari.

SCENARIO 7

Putin e Zelensky arrivano a un'intesa

Mezzo mondo è pronto a mediare tra Kiev e Mosca. Dopo la Turchia, la Cina e Israele, il Sudafrica si è fatto avanti. Persino l'ex cancelliere Gerhard Schröder, vituperato nella sua stessa SPD per non voler prendere le distanze dal suo amico Putin, è volato a Mosca per mediare.

Inizialmente, c'è poco motivo di ottimismo. Le vie di evacuazione temporanee e sicure per permettere ai civili di fuggire dalle città assediate decollano solo dopo un certo numero di giri di consultazioni e con diversi gradi di successo.

Un primo incontro tra i ministri degli esteri, Koeleba e Lavrov ad Antalya, in Turchia, non ha prodotto quasi nulla. Lavrov ha persino negato che la Russia abbia invaso l'Ucraina. Ma si parlano.
La Russia chiede il riconoscimento di Donetsk, Luhansk e Crimea come russi e vuole che l'Ucraina diventi un paese neutrale e disarmato e quindi non entri nell'UE o nella NATO. Le richieste sono effettivamente inoppugnabili per Zelensky.

Eppure, dopo due settimane di lotta, il suo governo lascia intendere che qualcosa di neutrale è concepibile. La NATO, dice Zelensky alla ABC, ha messo in chiaro che non siamo i benvenuti. Sta spingendo per l'adesione all'UE. Il suo capo di stato maggiore si lascia sfuggire che il trasferimento formale della Crimea e dei territori separatisti a Mosca può essere negoziato, ma che la neutralità e la smilitarizzazione non sono negoziabili. Affinché i negoziati abbiano una possibilità di successo, ci deve essere uno "stallo doloroso", dice Sweijs. Putin deve rendersi conto che un'ulteriore guerra è un rischio maggiore di un accordo. Kiev dovrà rendersi conto che sconfiggere la Russia è impossibile. Questa situazione non sembra essere stata ancora raggiunta.

SCENARIO 8

Guerra fredda 2.0

In tutti gli scenari in cui Putin rimane al potere, l'Occidente deve prepararsi a un lungo periodo di confronto, una nuova variante della guerra fredda. Un disimpegno economico di vasta portata è allora in arrivo, soprattutto se Putin risponde alle sanzioni occidentali con la nazionalizzazione delle aziende occidentali. La NATO e l'UE dovranno adattarsi alle alte spese militari e a una solida presenza militare permanente in Europa orientale.

E Putin? Per lui, non ci sono praticamente scenari favorevoli sostenibili. Sweijs: "In tutti gli scenari, Putin è diventato il nuovo Saddam Hussein o Assad".

Putin sta distruggendo l'Ucraina

Due settimane dopo l'inizio dell'invasione dell'Ucraina, centinaia di migliaia di persone sono intrappolate nelle città ridotte in rovina dall'artiglieria russa. Ma sempre più russi stanno scoprendo che anche loro sono prigionieri - non del fuoco delle granate, ma di una vera e propria dittatura. Il nostro esperto di affari esteri Matthijs le Loux fa il punto sulla guerra in Ucraina.

La processione di ucraini che cercano un rifugio sicuro all'estero si è gonfiata a più di due milioni questa settimana. Questo è l'afflusso di rifugiati che cresce più velocemente in Europa dalla seconda guerra mondiale, secondo l'ONU.

La maggior parte dei rifugiati si è recata in Polonia (1,2 milioni) e in altri paesi dell'Europa orientale. Molti di loro hanno parenti o conoscenti lì. Circa 210.000 sono fuggiti in altre parti d'Europa.

Questi sono i fortunati. Un totale di 44 milioni di persone vivono in Ucraina. L'UNHCR, l'agenzia delle Nazioni Unite per i rifugiati, si aspetta una seconda grande ondata di rifugiati nel prossimo futuro. Questo probabilmente includerà più persone che non possono contare su contatti all'estero.

E poi ci sono i milioni di residenti delle città che ora sono (per lo più) circondate dalle truppe russe. Non hanno via d'uscita finché un cessate il fuoco non renderà le loro vie di fuga abbastanza sicure. Nel frattempo, sono pesantemente bombardati, molte infrastrutture civili non funzionano più e i loro rifornimenti stanno finendo.

Prendete le persone intrappolate nella Mariupol assediata, un numero stimato tra 200.000 e 300.000. Non hanno accesso all'acqua corrente, all'elettricità o al riscaldamento dal 2 marzo, mentre le temperature sono intorno al gelo.

La città portuale del sud-est è un importante obiettivo strategico per i russi e viene flagellata dai bombardamenti. Secondo l'amministrazione della città, almeno centinaia di civili sono morti a causa dello sforzo bellico. Un conteggio accurato è impossibile perché i servizi di emergenza non riescono a tenere il passo e i telefoni non funzionano.

Rifugiati sotto tiro

I corridoi umanitari (rotte sulle quali viene chiesto un cessate il fuoco) dovrebbero dare sollievo, ma la volontà russa di far tacere le armi per un po' sembra essere bassa. Diversi tentativi di evacuazione sono stati interrotti a causa degli attacchi, a volte dopo meno di un'ora.

I rifugiati sono anche sotto il fuoco diretto: domenica 6 marzo, quattro di loro, tra cui due bambini, sono stati uccisi da colpi di mortaio a Irpin, un sobborgo di Kiev.

Un team del New York Times ha ripreso l'attacco. La fotoreporter Lynsey Addario ha scritto che due scenari erano possibili: i russi hanno deliberatamente preso di mira il percorso di evacuazione o hanno mostrato una totale mancanza di preoccupazione per le vittime civili.

La Russia insiste che non sta prendendo di mira i civili e dice persino che i "nazisti" ucraini stanno prendendo di mira i loro stessi civili. Questa costante negazione trasuda un profondo cinismo, dato che ci sono innumerevoli prove del contrario, dai bombardamenti di aree residenziali senza valore militare a incidenti come quello di Irpin.

Un cessate il fuoco per evacuare i civili dalle città di Kyiv, Kharkiv, Sumy, Mariupol e Chernihiv sembrava avere più successo dei precedenti tentativi di mercoledì, finché un ospedale di maternità a Mariupol è stato bombardato nel pomeriggio.

Cosa ne pensa il russo comune?

Come l'invasione dell'Ucraina e tutto ciò che ne consegue sia ricevuto dal popolo russo ha occupato le menti fin dall'inizio dell'invasione. Ma questa domanda sta guadagnando trazione man mano che il tributo umano della guerra aumenta e sempre più parti dell'Ucraina si trasformano in rovine fumanti.

Dopo tutto, russi e ucraini sono almeno popoli fratelli slavi, addirittura lo stesso popolo agli occhi del Cremlino.

Città come Kiev e Odessa sono anche parte della narrativa nazionale russa. Un conoscente ucraino ha riassunto succintamente i legami: "Quasi ogni russo ha un cugino ucraino".

I tentativi di misurare l'opinione pubblica russa si scontrano con il problema della transizione del paese da stato autoritario a dittatura vera e propria. Il giornalista russo Sergei Dobrynin ha descritto questo scivolamento in modo avvincente in The Atlantic: "Il decadimento della nostra società era così lento che molti russi potevano scegliere di non notarlo. Questo era il metodo di Putin: infilare il coltello nella piaga gradualmente. Meno dramma, stesso risultato".

Il Cremlino ha messo a tacere i pochi media indipendenti che ancora operavano in Russia e tutti gli altri media proclamano la linea del governo.

I manifestanti vengono radunati in massa e rischiano la brutalità della polizia e pene detentive elevate.

Necessità di stabilità

Esattamente chi crede al diluvio di propaganda del governo e chi lo mette in dubbio è difficile da dire. Lo stesso vale per il sostegno alla guerra in generale. Gli esperti russi vedono chiare differenze tra giovani e vecchi e tra coloro che vivono nelle aree urbanizzate e quelli nelle aree rurali.

I più giovani e gli abitanti delle città tendono ad essere più internazionali, meno dipendenti dalla televisione di stato e più attivi su Internet. L'opposizione alla guerra è più pronunciata tra di loro.

Ma tali contrasti non raccontano tutta la storia. Un russo anziano in campagna può anche capire perfettamente che la storia ufficiale è imperfetta, ma può decidere, per esempio, di ripiegare su un'efficace strategia di sopravvivenza dei tempi sovietici: fare un cenno di sì e assicurarsi di non essere sopra la superficie.

Un'altra considerazione importante per molti russi anziani deriva proprio dal periodo caotico dopo la caduta dell'Unione Sovietica: hanno bisogno di stabilità sopra ogni cosa.

Vladimir Putin ha saputo come realizzarlo in passato. E qualunque cosa porterebbe se il regime di Putin dovesse crollare, una maggiore stabilità non è un risultato probabile.

E, naturalmente, ci sono anche numeri significativi di russi che semplicemente approvano l'invasione, per esempio, perché condividono le idee di Putin di una "Grande Russia".

Due popolazioni in cattività

La pressione sulla popolazione russa sta aumentando da tutte le parti. Le sanzioni economiche dell'Occidente sono pesanti senza precedenti. Gli effetti sono già sentiti dai russi comuni, che possono comprare meno per i loro rubli, non possono più entrare nella metropolitana facendo il check-in con i loro cellulari, e non possono più avere un Big Mac.

La situazione non potrà che peggiorare, soprattutto se l'Occidente prenderà di mira il settore energetico russo. La Russia è diventata un paria internazionale e i russi all'estero affrontano molestie e violenze.

Nel frattempo, informazioni orribili sulla vera natura della battaglia in Ucraina stanno trapelando, da app di chat criptate o da telefonate a parenti ucraini. Inoltre, il numero di soldati russi che tornano a casa in sacchi per cadaveri è probabile che diventi significativamente più grande di quanto il Cremlino ammetterà mai o sarà in grado di coprire efficacemente.

Sempre più russi che hanno i mezzi per farlo stanno anche diventando rifugiati: viaggiano verso paesi che permettono ancora voli russi, come la Turchia e la Georgia, o attraversano le frontiere terrestri in Finlandia o nel Baltico.

Molti analisti credono che le proteste in Russia cresceranno. Il Cremlino può davvero andare in una sola direzione, quella di una repressione ancora più brutale. Non ci sono granate e missili che scendono sul popolo russo, ma in un certo senso è in trappola come quello ucraino. Putin ha dirottato l'aereo, e tutti gli occupanti sono in balia di ciò che gli viene dettato dalla sua distorta visione del mondo.

I russi perdono truppe e attrezzature, ma non ancora la guerra

Dopo due settimane di guerra in Ucraina, due esperti della difesa fanno un bilancio. La loro conclusione: i russi sono demotivati, subiscono pesanti perdite e sono sorpresi dalla resistenza degli ucraini, ma raggiungeranno - anche se con un ritardo - molti dei loro obiettivi.

Sul fronte vicino alla città di Charkiv, il maggior generale russo Vitaly Gerasimov è stato ucciso in azione martedì scorso. Stava guidando i combattimenti contro l'esercito ucraino intorno alla città dei milioni. La morte del generale colpisce per diverse ragioni.

Prima di tutto, cosa ci fa un generale al fronte? Non c'è nessun altro che possa guidare le truppe? "

Sembra che nell'esercito russo stiano esaurendo i quadri intermedi, presto dovranno mandare il comandante in capo sul campo di battaglia stesso per dare gli ordini", ha scritto con onore su Twitter il caporedattore di Bellingcat Christo Grozev.

Uno specialista della difesa nell'UE dell'istituto Clingendael di nome Colijn è un po' più cauto nella sua analisi. "Le cose non stanno andando bene lì", dice. "Altrimenti i russi non manderebbero un generale a mettere ordine.

Ma per il peso russo, la morte di Gerasimov non conta molto alla fine; lì hanno mille generali".

I russi chiamano sui telefoni cinesi non protetti: "Molto vulnerabili

Un altro dettaglio sorprendente: un ufficiale del servizio segreto FSB ha informato il suo superiore dall'altra parte del confine della morte del generale attraverso una linea non protetta. Proprio l'anno scorso, l'esercito russo ha introdotto i criptofoni sicuri ERA con molta fanfara, ma si scopre che non funzionano in Ucraina perché le antenne 3G sono state fatte saltare in aria dalle loro stesse truppe. E così devono fare chiamate con telefoni non sicuri e schede SIM locali ucraine.

Quindi queste chiamate sono state ascoltate dagli ucraini. Bellingcat ha messo le mani su queste chiamate e ha scoperto che l'agente FSB al fronte chiamava il suo collega Dmitry Shevchenko nella città russa di Tula. Quando quest'ultimo ha sentito che il generale era stato

ucciso, è calato un lungo silenzio. Shevchenko iniziò
allora a imprecare abbondantemente.

Abbiamo parlato con un docente di strategia militare
all'Accademia della Difesa dell'UE che ha un dottorato di
ricerca sulle moderne tecniche di inganno utilizzate
dalla Russia nell'annessione della Crimea nel 2014.
Segue da vicino la guerra in Ucraina. Il fatto che i russi
non possano comunicare attraverso connessioni sicure
li rende "molto vulnerabili", secondo il docente.

"Ho capito che i soldati russi si chiamano anche con
cellulari cinesi molto economici, che sono molto facili da
scassinare. Poi rendi molto facile al tuo avversario
scoprire cosa stai facendo".

I problemi logistici rallentano l'avanzata, ma non la
impediscono
Sui social media non ci sono solo molti video di carri
armati russi abbandonati e bruciati, ma anche di camion
che trasportano carburante e altri beni. Ci sono anche
storie di soldati russi che cercano cibo e quindi
saccheggiano negozi e case. "Questi problemi logistici
hanno più probabilità di rallentare un'avanzata che di
impedirla del tutto", dice lo specialista della difesa
dell'UE.

Ci saranno "sicuramente sfide logistiche", ma ce ne
sono in ogni guerra. Pertanto, dice, non si dovrebbe
dedurre troppo dai camion bruciati e dai carri armati in
stallo. "Formiamo le nostre opinioni in base alle

immagini che vediamo, ma questa è solo una parte della realtà. Può essere che ci siano molti meno problemi altrove".

L'esercito ucraino distribuisce punture di spillo e si ritira nelle città

Il governo ucraino ha fatto circolare filmati di propaganda di prigionieri di guerra russi, ognuno dei quali ha detto che pensava di essere impegnato in un'esercitazione militare. Ci sono anche voci che le unità della Bielorussia si rifiutano di entrare in azione contro gli ucraini. "I giovani soldati che non vogliono combattere portano a ritardi, ma possono essere facilmente sostituiti". "Oppure inseriscono aerei con piloti che hanno avuto un addestramento molto più lungo e possono essere più motivati. Lo si vede in Siria e lo si è visto a suo tempo con la guerra in Cecenia".

Possiamo sottolineare che la struttura di comando "maschile" russa può portare a truppe demotivate. "Nell'esercito russo, il comandante è onnipotente. Determina in dettaglio ciò che deve accadere, gli ufficiali inferiori e i soldati eseguono soltanto. Se le cose non vanno bene in un'operazione e non si può cambiare la situazione, si va rapidamente in giro con l'anima sotto il braccio".

La grande incognita è l'esercito ucraino, che non affronta il nemico in modo tradizionale, ma piuttosto lancia punture a destra e a sinistra e poi si ritira verso le città. "È difficile per l'esercito russo combattere contro questo. "Come esercito, si preferisce non entrare in una città; è molto difficile da conquistare. Potrebbe esserci un cecchino in ogni edificio, avresti bisogno di una forza enorme".

Quando i russi hanno preso la Crimea nel 2014, hanno usato sabotatori, unità di avanguardia che hanno disabilitato le installazioni e preso in ostaggio i politici. Come risultato, il governo ucraino si trovò presto con le spalle al muro. "Possono scordarsi una ripetizione di quelle operazioni a Kiev", dice Bouwmeester. "Se tali sabotatori si fanno conoscere, avranno la popolazione contro di loro".

Le parti vogliono rafforzare le posizioni per i negoziati in Turchia

Giovedì, i negoziatori di Russia e Ucraina si incontreranno di nuovo, questa volta nella località turca di Antalya.

Gli ucraini hanno una posizione forte perché sono difficili da afferrare sul campo di battaglia, dimostrano di essere capaci di resistere e hanno una popolazione unita dietro di loro. I russi, a costo di molte sofferenze umane e di grandi flussi di rifugiati, hanno guadagnato molto terreno nell'Ucraina meridionale e stanno per accerchiare Kiev. Quindi anche loro non arriveranno certamente in Turchia a mani vuote.

Secondo Colijn, nonostante le loro perdite, i russi sono ancora in grado di occupare e controllare Kyiv e possono sconfiggere militarmente gli ucraini. "Che stiano perdendo truppe ed equipaggiamenti è controproducente, ma nel complesso non è molto", ha detto. Questa battuta d'arresto potrebbe effettivamente incoraggiare la leadership militare russa a voler continuare la guerra in modo sporco, cioè con molta violenza e vittime civili".

Perché Kyiv è così importante?

La capitale ucraina Kiev è l'obiettivo principale dell'invasione russa. Il presidente russo Vladimir Putin ha chiarito che ci sono ragioni non solo strategiche ma anche storiche per attaccare la città. Perché Kyiv è così importante per i russi come Putin?

1. Kiev è vista come il "luogo di nascita" della Russia

Nei discorsi in cui Putin ha dichiarato l'invasione dell'Ucraina, ha enfaticamente chiamato l'Ucraina una parte storica della Russia. Il presidente russo ha quindi basato la sua giustificazione dell'invasione sulla storia comune dei due paesi.

Come molti russi, Putin vede Kiev come il "luogo di nascita" della Russia. Kiev è stata la capitale e l'omonima dell'impero medievale di Kiev dall'882. Quell'impero copriva gran parte dell'attuale Ucraina, Bielorussia e Russia. È considerato dai russi il precursore della Russia di oggi. Il nome Russia deriva dai Rus', il popolo che fondò l'impero di Kiev.

Come centro dell'Impero di Kyiv, Kyiv divenne una delle più importanti e grandi città dell'Europa medievale. Questo accadde secoli prima che, per esempio, le attuali grandi città russe di Mosca e San Pietroburgo avessero una qualche importanza. Dopo la distruzione della città da parte dei mongoli nel 1240, Kyiv non sarebbe mai più stata all'altezza del suo antico splendore.

Il dominio di Kiev e dell'area circostante cambiò costantemente nei secoli successivi. Alla fine del XVIII secolo, la regione fu incorporata dall'Impero di Russia sotto il governo dell'imperatrice Caterina la Grande. Molti russi indicano quel punto come il momento in cui l'Ucraina divenne finalmente parte della Russia.

2. Putin vede l'indipendenza dell'Ucraina come un enorme errore

L'Ucraina era una delle 14 repubbliche che ottennero l'indipendenza dalla Russia dopo il crollo dell'Unione Sovietica nel 1991. Ha mantenuto Kyiv come capitale, il che significa che la città non faceva più parte del territorio russo. Ma questo non significa che la storia comune sia improvvisamente scomparsa.

Ancora oggi ci sono stretti legami tra ucraini e russi. Spesso sono anche parenti diretti l'uno dell'altro. Molti ucraini parlano correntemente il russo oltre alla loro lingua. Eppure la maggior parte di loro si sente veramente ucraina, e quindi non russa.

Tuttavia, agli occhi dei russi come Putin, l'Ucraina appartiene ancora alla Russia nella sua totalità. Chiamano l'indipendenza dell'Ucraina un errore che deve essere riparato a tutti i costi.

3. Kyiv rappresenta "il cuore dell'Ucraina".

Kiev è, naturalmente, anche strategicamente importante per Putin e la Russia. È una regola non scritta della guerra che un paese attaccato non è sconfitto finché la sua capitale non è presa. Considerate, per esempio, la presa del potere dei talebani in Afghanistan. Questo è datato 15 agosto 2021, il giorno in cui i jihadisti hanno preso la capitale Kabul.

Nella stragrande maggioranza dei paesi del mondo, la capitale è anche la città dove si riunisce il parlamento nazionale. I Paesi Bassi - con Amsterdam come capitale e L'Aia come città dove si riunisce il parlamento - sono una delle poche eccezioni.

Anche in Ucraina il parlamento - la Verkhovna Rada (letteralmente Consiglio Supremo) - ha sede nella capitale. Il distretto di Pecherskyi, dove si trova il palazzo del parlamento, è quindi chiamato anche il cuore dell'Ucraina. Il parlamento nazionale è il simbolo ultimo dell'autogoverno di un paese.

Questo è un altro motivo per cui Putin è desideroso di conquistare Kiev. Il presidente russo ha detto prima che non vede l'Ucraina come un paese indipendente. Quindi i simboli dell'indipendenza ucraina sono una spina nel fianco.

4. L'obiettivo numero uno risiede a Kiev

Parlando di simboli dell'indipendenza ucraina, il presidente Volodymyr Zelensky è rimasto a Kiev dall'inizio dell'invasione russa. Ha già fatto sapere più volte che non lascerà la città. Zelensky condivide regolarmente foto e video di lui che cammina per le strade e passa davanti a edifici famosi.

Come capo di stato, Zelensky, come il parlamento, è un simbolo dell'indipendenza ucraina. Inoltre, dopo l'invasione russa, è diventato il manifesto della resistenza ucraina. Si è rivelato il più grande ostacolo per Putin. Vuole installare un governo filorusso in Ucraina.

Zelensky ha detto che i russi hanno fatto di lui il loro "obiettivo numero uno". Secondo l'Ucraina, tre tentativi di assassinio del presidente sono già stati sventati dall'inizio dell'invasione.

Il convoglio russo diretto a Kiev era rimasto praticamente fermo nei giorni scorsi, ma venerdì nuove immagini satellitari hanno mostrato che il convoglio si è ormai disintegrato. Parti del convoglio si sono disperse nella regione.

Secondo gli esperti, le truppe russe si stanno preparando a prendere d'assalto la capitale. Questo potrebbe avvenire nei prossimi giorni.

Banche svizzere e denaro russo

I ricchi russi hanno depositato un totale di circa 170 miliardi di euro nelle banche svizzere. Questo è stato annunciato dall'Associazione svizzera delle banche in una rara dimostrazione di trasparenza.

L'Associazione svizzera dei banchieri ha detto giovedì alla Reuters che le banche svizzere hanno tra 150 e 200 miliardi di franchi svizzeri di denaro russo nei loro conti. Convertito, questo ammonta a una somma tra 145 e 193 miliardi di euro.

La Svizzera è di solito molto riluttante a fornire dati sull'identità dei clienti delle banche svizzere, poiché è nota per gestire discretamente i patrimoni dei miliardari di tutto il mondo.

Tuttavia, a causa dell'invasione russa dell'Ucraina, la Svizzera ha deviato dalla sua regolare posizione "neutrale" nei conflitti internazionali. Il paese ha aderito alle sanzioni europee contro la Russia.

La politica socialdemocratica Mattea Meyer, membro del Consiglio nazionale svizzero, ha chiesto il congelamento dei beni degli oligarchi russi in Svizzera. "Parte di quel denaro appartiene a oligarchi che sono fedeli al Cremlino", ha detto. Secondo Meyer, la Svizzera deve "chiudere i rubinetti del denaro".

Denaro russo nelle banche svizzere

Secondo l'Associazione svizzera delle banche, i piccoli 200 miliardi di euro di attivi russi nel paese sono relativamente piccoli rispetto al totale degli attivi che gli stranieri hanno nascosto in Svizzera. È "meno del 5% del totale", ha indicato il club bancario a Reuters.

La più grande banca svizzera misurata in termini di attivi totali è UBS. Questa banca ha un'esposizione verso la Russia attraverso prestiti dell'equivalente di 613 milioni di euro, secondo il suo rapporto annuale del 2021.

L'ex capo di ING Ralph Hamers è attualmente il massimo dirigente di UBS. Hamers ha indicato in una conferenza mercoledì che UBS sta cercando di ridurre i rischi legati alla situazione in Russia con i suoi clienti, ha riferito Reuters.

Credit Suisse, la seconda banca più grande del paese, ha riferito nel suo rapporto annuale che circa 1,5 miliardi di euro di prestiti legati alla Russia erano in sospeso alla fine del 2021.

La Svizzera è stata ampiamente criticata in passato per il suo segreto bancario, che consentirebbe a individui ricchi con background dubbi di tenere il denaro fuori dalla vista delle autorità investigative.

Nel 2018, sotto un'intensa pressione internazionale, le banche svizzere si sono mosse per condividere alcune informazioni con le autorità fiscali di altri paesi.

Ucraina e NATO

La Russia ha annunciato che le consultazioni online con l'Ucraina continueranno. Da lunedì, i rappresentanti dei due paesi hanno tenuto colloqui video per trovare una soluzione all'invasione russa dell'Ucraina.

Sono state discusse questioni militari, politiche e umanitarie, secondo un portavoce del ministero degli Esteri russo. I negoziati non hanno ancora portato a una svolta, ma le parti sembrano fare progressi nonostante i colloqui difficili.

Kyiv chiede un cessate il fuoco e il ritiro delle truppe russe. Mosca vuole che l'Ucraina diventi un paese neutrale e non un membro della NATO. La delegazione russa vuole anche che Kyiv riconosca che la Crimea appartiene alla Russia e che le regioni rinnegate di Donetsk e Luhansk sono stati indipendenti.

L'Ucraina e la Russia si sono avvicinate nei negoziati di pace mercoledì. Le delegazioni stanno negoziando un piano di pace in 15 punti, ha riferito il Financial Times. Il giornale economico britannico si è basato su tre fonti che si dice siano coinvolte nei colloqui.

Una prima bozza dell'accordo di pace includerebbe un cessate il fuoco e il ritiro delle truppe russe. Questo sarebbe a condizione che Kyiv dichiari che non permetterà basi militari o armi occidentali sul suo territorio e abbandoni la sua ambizione di entrare nella NATO.

I russi vorrebbero uno status militarmente neutrale per l'Ucraina, simile all'Austria e alla Svezia. Questi due paesi sono membri dell'Unione Europea ma non della NATO. Il presidente Volodymyr Zelensky ha detto martedì che l'Ucraina deve riconoscere che l'adesione alla NATO è fuori questione.

L'adesione alla NATO è fuori questione per l'Ucraina per il momento. Il presidente Zelenski lo ha detto ieri. L'Occidente può quindi solo guardare? Sei domande e risposte su ciò che la NATO può ancora fare per aiutare l'Ucraina. E cosa, soprattutto, non dovrebbe fare.

Per molto tempo è stato un grande desiderio di Volodomir Zelensky, il presidente dell'Ucraina: diventare membro dell'alleanza militare dell'Occidente. Perché se l'Ucraina fosse membro, l'Occidente aiuterebbe militarmente a sconfiggere la Russia. Ma questo desiderio può essere superato. La NATO non vuole che l'Ucraina aderisca, quindi il paese deve cercare altri alleati militari.

1. Perché l'Ucraina non può entrare nella NATO?

Prima di vedere chi potrebbero essere questi alleati, prima la questione del perché l'adesione è fuori questione per l'Ucraina. Ne parliamo con Laurien Crump, docente senior di relazioni internazionali all'Università di Utrecht. "La NATO non vuole una guerra con la Russia", dice Crump. "Questo è anche uno dei motivi per cui l'Ucraina non ha mai aderito".

"Secondo l'articolo 5 - un attacco a uno stato membro è un attacco a tutti - la NATO dovrebbe venire in aiuto dell'Ucraina in una guerra. Questo rischio, che ora è una realtà con la guerra attuale, è troppo grande per gli stati membri".

"Zelensky ora ha capito questo messaggio. Il giorno dopo l'invasione russa dell'Ucraina, ha chiesto se il suo paese poteva unirsi, ma c'era un silenzio assordante da parte della NATO", dice Crump. "E dice che ora non vuole implorare in ginocchio".

C'è un'altra ragione in gioco. "Un requisito difficile per l'adesione alla NATO è che un paese deve risolvere i problemi interni ed esterni prima di poter diventare membro. Cioè, la NATO non vuole importare insicurezza da un altro paese. Quando Putin ha annesso la Crimea nel 2014, era già successo. A causa di quel livello di insicurezza, l'Ucraina non può diventare membro della NATO".

2. E la no-fly zone. Perché non arriva anche quella?

"Una tale no-fly zone può sembrare molto amichevole, ma ciò significa che se la Russia vola nello spazio aereo ucraino, la NATO deve abbattere l'aereo russo. E questo, a sua volta, significa che la NATO sta ancora interferendo nel conflitto", dice Crump.

"Durante la lotta contro Saddam Hussein, è stata scelta una no-fly zone in Iraq. Ma allora era una situazione che aveva luogo solo in Iraq. In Ucraina è diverso. Il pericolo lì viene da un paese vicino. Ciò significa in questo caso che si deve applicare una no-fly zone non solo in Ucraina, ma anche sulla Russia. Se si vuole aiutare la NATO nell'abisso, bisogna farlo".

3. Il primo ministro della Polonia, dopo la sua visita a Kiev, parla di una missione di pace della NATO. Che cos'è?

"Penso che stia solo gridando qualcosa". "Siamo benedetti da politici che non sanno di cosa si tratta esattamente. Non si può avere una missione di pace in tempo di guerra. Si può fare solo dopo la firma di un accordo di pace. Allora una missione può garantire che il paese in questione rimanga stabile".

"E anche se ci fosse un accordo di pace, la NATO non può essere l'organizzazione che lo supervisiona

"Perché la NATO è esattamente il problema. Poi la Russia dice: "Guarda, la NATO sta occupando l'Ucraina".

4. Anche i primi ministri della Repubblica Ceca e della Slovenia erano a Kiev. Possono aiutare l'Ucraina?

"La fornitura di armi è un affare a due facce. Non esistono armi della NATO.

Anche gli americani, per esempio, li riforniscono. Ma inviare truppe? Se vuole suicidarsi, può farlo. Se lo fa una Repubblica Ceca, una Polonia o una Slovenia, quel paese diventa parte della battaglia. E poi cosa fa la NATO se la Polonia viene attaccata?".

"Si nota che l'idea di una missione di pace della NATO sta già causando tensioni all'interno di questa organizzazione, e anche all'interno dell'Unione Europea. L'UE ha già detto che i paesi menzionati non si sono consultati con loro. Allora si sa abbastanza. Non ne vedono il senso, perché allora l'alleanza occidentale sarà ancora coinvolta".

5. Ma cosa può fare la NATO per aiutare l'Ucraina?

"Non molto, a causa degli ultimi trent'anni di tagli al bilancio. Non ci sono più grandi unità di combattimento con molta potenza di fuoco.

Quello che si può ancora fare è inviare degli aerei radar. Li usano per vedere cosa sta succedendo in Ucraina. Ma soprattutto per vedere se ci sarà un attacco contro la NATO".

Una dichiarazione da Bruxelles è anche una possibilità. Oggi c'è una riunione della NATO con i ministri della difesa degli stati membri. "Una tale dichiarazione ha lo scopo di mantenere alto il morale degli ucraini", ha detto.

"Ed è un segnale per la Russia. Al momento dei negoziati, ogni sostegno è importante. Ma di fatto, la NATO deve operare con molta cautela soprattutto ora".

6. Cosa non dovrebbe fare in particolare la NATO?
"Qualsiasi passo che provoca un'ulteriore escalation, non si dovrebbe volere. Per esempio, oggi l'America sta dicendo che Putin è un criminale di guerra. Questo è moralmente giusto, ma molto imbarazzante".

"La stessa cosa è successa con il presidente siriano Assad. L'Occidente ha detto: 'È un criminale di guerra, quindi non gli parleremo più'. Anche questo è moralmente giustificabile, ma se non si parla più, allora è razionale che la persona che viene chiamata criminale di guerra continui a combattere."

"Ho paura che l'Occidente faccia cose che sembrano giuste, ma che si rivelano sbagliate. Cose che renderanno impossibile parlare ancora con Putin. Che alla fine lo vogliate sotto processo è chiaro. Ma prima lasciate che la guerra sia finita".

Prossime carenze alimentari

Il grano nei campi ucraini è in buona forma e il paese avrà abbastanza pane quest'anno. Questo è ciò che il ministro dell'agricoltura ucraino Taras Dzoba ha detto mercoledì.

L'Ucraina è uno dei principali produttori ed esportatori di grano a livello mondiale. A causa dell'invasione russa del paese, ci sono preoccupazioni per la produzione di grano.

Gli analisti del paese avevano avvertito in precedenza che la produzione di grano avrebbe potuto diminuire bruscamente a causa dell'invasione, poiché avrebbe lasciato meno terreno agricolo da seminare. Tuttavia, le colture che sono ora nei campi stanno andando bene. L'Ucraina ha abbastanza pane quest'anno, nonostante le difficili condizioni in cui si deve lavorare la terra, ha detto il ministro in una dichiarazione. Tuttavia, i prezzi saranno probabilmente più alti a causa della guerra.

Gli intenditori hanno previsto all'inizio di questa settimana che quasi il 40% in meno di terreno agricolo potrebbe essere seminato per il grano a causa della guerra. L'Ucraina ha raccolto un record di 86 milioni di tonnellate di grano nel 2021. Il presidente ucraino Volodimir Zelensky ha detto la scorsa settimana che il paese dovrebbe seminare più grano possibile questa primavera.

Divieto di esportazione di grano in Ucraina

L'Ucraina ha precedentemente imposto un divieto all'esportazione di diversi tipi di grano. Segale, orzo, grano saraceno e miglio, tra gli altri, non possono più essere esportati, ha deciso il governo di Kiev. Così facendo, il governo spera di conservare abbastanza cibo per la sua gente e il suo esercito in tempo di guerra. Nelle ultime settimane i prezzi del grano sono già aumentati significativamente.

Anche l'esportazione di zucchero, sale e carne è stata limitata da Kiev. I divieti durano fino alla fine dell'anno.

I prezzi del grano sono saliti bruscamente all'inizio di marzo, dopo il recente rally dovuto alla guerra in Ucraina. L'invasione russa e le sanzioni contro il paese hanno portato le esportazioni di grano a un punto morto. Questo mette in pericolo le forniture ad altri paesi.

L'Ucraina e la Russia rappresentano più di un quarto delle esportazioni mondiali di grano.

Quest'estate, i raccolti record in Nord America e in altre parti d'Europa saranno fondamentali per rallentare ulteriori aumenti dei prezzi. Poiché i flussi dalla regione del Mar Nero sono schiacciati dalla guerra, molti acquirenti stanno considerando contratti futures per il grano australiano. Questi stanno già piazzando ordini nel terzo trimestre, secondo il trader CBH Group.

Le aziende di trasformazione alimentare stanno cercando diligentemente delle alternative all'olio di girasole. Le sue scorte sono buone per altre quattro o sei settimane circa e poi si esauriranno. Questo a causa della guerra in Ucraina, che è un grande produttore di olio vegetale.

"Ce ne accorgeremo in due modi", afferma un portavoce dell'associazione di categoria. "In primo luogo, lo scaffale dell'olio di girasole nel supermercato sarà vuoto". Inoltre, l'olio di girasole scomparirà anche da una varietà di prodotti. "I produttori stanno già cercando delle alternative. L'olio di girasole è usato per friggere patatine e fritture, per esempio, ma si trova anche nella margarina, nei biscotti e negli alimenti per bambini. È molto versatile".

Le alternative potrebbero includere olio di colza, olio di lino o olio di palma, spiega il portavoce. Ciò che funziona dipende dal prodotto e da come viene usato l'olio. Inoltre, le etichette e le confezioni devono essere adattate se si usa un altro prodotto invece dell'olio di girasole. Questo ha conseguenze per la lista degli ingredienti, ma anche eventualmente per il valore nutrizionale.

Passare ad altri ingredienti e adattare il packaging costa alle aziende e si traduce inevitabilmente in prezzi più alti. "La domanda di queste alternative sta aumentando e quindi anche loro stanno diventando più costose.

103

La misura in cui le aziende possono assorbire da sole
tutti gli aumenti di prezzo è limitata", dice il portavoce.
Tra l'altro, vari materiali di imballaggio come la latta e il
cartone stanno diventando più costosi a causa della
guerra in Ucraina.

Noi nutriamo il paese
Uno dei più grandi magazzini del paese pieno di prodotti
alimentari vicino a Kiev è stato bombardato. Non è
chiaro se il magazzino di Marioepol sia ancora lì e se la
refrigerazione funzioni ancora. La distribuzione di
prodotti alimentari nel paese è in pericolo di vita per gli
autisti. I carri armati passano sopra i campi dove
dovrebbe avvenire la semina.

"Ma gli affari vanno avanti", dice Rich. MHP
(Myronivsky Hliboproduct) in Ucraina impiega 30.000
persone. L'azienda ha grandi allevamenti di polli in tutto
il paese e quasi 400.000 ettari di terreno per produrre
grano, mais, girasoli e altre colture.

L'azienda dice che in tempi normali rappresenta il 50%
della produzione alimentare dell'Ucraina. "Ma ora è il
100%. Siamo gli unici ancora operativi. Stiamo nutrendo
il paese".

L'australiano Rich lavora attualmente con una manciata
di dipendenti della Slovenia. La maggior parte del suo
management è ancora in Ucraina, però.

Rete telefonica interrotta

"È difficile, ma durante la pandemia di Covid abbiamo imparato a lavorare a distanza. Ho molti telefoni e comunichiamo attraverso Whatsapp, Signal, Zoom e Teams. Questo è l'unico modo in cui siamo in contatto con la nostra gente locale. La rete telefonica è in gran parte scomparsa. Quindi tutto passa attraverso Internet".

A proposito, il sito web della società è giù per paura degli hacker russi come precauzione. C'è solo una dichiarazione di sostegno alle truppe dell'Ucraina.

Affamato
Rich è preoccupato per le crescenti difficoltà di distribuzione dei prodotti in tutto il paese. Dove un camion normalmente impiegava due ore di viaggio, ora ce ne vogliono dieci. Questo a causa delle ispezioni, dei ponti e delle strade danneggiate.

"È difficile trovare autisti disposti ad andare sulla strada. È diventato un campo minato ovunque e difficile far andare avanti e indietro i camion senza perdere vite".

Secondo Rich, è un chiaro piano dei russi per causare carenze di cibo in Ucraina. "Stanno bombardando i centri di distribuzione. Quei centri dovrebbero rifornire i supermercati. Questa è una politica di inedia".

Le prossime settimane sono cruciali per la sicurezza alimentare in Ucraina, dice Rich. È il momento di seminare.

I russi portano via il cibo

"Molto grano è fatto da piccoli agricoltori. Non hanno ancora il loro fertilizzante. Il problema è che non hanno nemmeno i soldi per farlo o non possono accedervi perché i beni sono congelati. E senza fertilizzante, la produzione è molto più bassa. Come grande azienda abbiamo tutto il necessario. Ma deve calmarsi prima di iniziare la semina".

Egli teme anche che il cibo che si trova ora nei magazzini possa essere confiscato dai russi dove possono. "La loro logistica non funziona bene. Quindi tutto quello su cui mettono le mani, se lo mangeranno da soli".

"Gli ucraini sono molto patriottici. Vogliono combattere. Sarà terribile".

Se non ci sarà abbastanza semina nelle prossime settimane, il mondo intero se ne accorgerà, sostiene Rich.

"Il 50% dell'olio di girasole del mondo proviene da questa regione. Un quarto del grano e il 20% della colza. Se poi si considera che gran parte di questo serve a nutrire gli animali nell'UE e in Gran Bretagna, le percentuali di quanto sia importante sono ancora più alte. L'impatto sui prezzi del cibo diventa inimmaginabile con i problemi che ci sono qui".

Sarà terribile

Nel sud e nell'ovest, Rich dice che il personale è ancora relativamente sicuro. "Nella zona di Kiev, è molto difficile. Abbiamo anche evacuato gran parte del nostro personale nell'est del paese in Polonia. Con la Croce Rossa, abbiamo mandato degli autobus a prenderli". La maggior parte di loro sono donne e i loro bambini. La maggior parte degli uomini non possono uscire dal paese.

Rich teme che la guerra durerà a lungo. E che la carenza di cibo giocherà un ruolo di primo piano in essa. "Gli ucraini sono molto patriottici. Vogliono combattere. Sarà terribile".

La Russia guarda alle "importazioni parallele" dopo che le aziende se ne vanno

La Russia sta esaminando le cosiddette importazioni parallele per ottenere merci dalle aziende occidentali. Questo significa che quelle merci non sono importate con il permesso delle aziende occidentali, ma sono comprate da altre aziende, che a loro volta le hanno comprate con quel permesso. Normalmente, questo tipo di importazione, noto anche come importazione grigia, non è permesso.

107

L'autorità russa della concorrenza dice di aver avuto una conversazione con il direttore del principale negozio online russo Wildberries, dove è stata discussa la legalizzazione delle importazioni parallele. Entrambe le parti hanno concordato che sia i consumatori russi che le imprese ne avrebbero beneficiato.

A causa delle sanzioni e del sentimento anti-russo, molte aziende occidentali non forniscono più i loro prodotti alla Russia. Di conseguenza, i negozianti russi hanno sempre meno merce da vendere. Le piccole e medie imprese in particolare potrebbero essere aiutate se potessero comprare lotti di merci da paesi che vogliono commerciare con la Russia.

Secondo la top woman di Wildberries, Tatyana Bakalchuk, le importazioni grigie sono "particolarmente importanti per beni come medicine, cibo e articoli per bambini". Anche se queste merci possono commerciare con la Russia come al solito, alcune aziende occidentali stanno scegliendo di non fare affari con il paese dopo l'invasione dell'Ucraina. Tuttavia, la maggior parte delle aziende farmaceutiche hanno indicato che continueranno a fornire medicinali come al solito.

Gli stati baltici e la Bulgaria espellono i diplomatici russi

Gli stati baltici e la Bulgaria stanno espellendo un totale di 20 diplomatici russi a causa della guerra in Ucraina. La

Bulgaria ha designato dieci diplomatici come persona non grata, mentre la Lituania espelle quattro diplomatici e l'Estonia e la Lettonia tre ciascuno.

Ai diplomatici russi in Bulgaria sono state date 72 ore per lasciare il paese per attività che violano il loro status diplomatico. La Lettonia riporta esattamente lo stesso motivo, dicendo che tiene conto anche dell'aggressione russa in Ucraina.

L'Estonia dice dei diplomatici che "hanno direttamente e attivamente minato la sicurezza dell'Estonia e diffuso la propaganda che giustifica l'azione militare della Russia". La Lituania fa sapere che vuole essere solidale con l'Ucraina. I paesi baltici hanno coordinato la loro azione.

All'inizio di questa settimana la Slovacchia aveva già deciso di espellere tre diplomatici russi. In quel momento la Russia ha detto che avrebbe risposto al passo "ingiustificato". Ci sarà anche una risposta all'espulsione "ostile" dei diplomatici dalla Bulgaria, ha detto l'ambasciata russa a Sofia.

La banca centrale russa mantiene il tasso di interesse al 20 per cento

La banca centrale della Russia mantiene il tasso di interesse chiave al 20%. Da quando il paese ha invaso l'Ucraina, è sotto pesanti sanzioni economiche. Per contrastare la caduta del rublo russo e l'aumento dell'inflazione, il tasso di interesse è stato più che raddoppiato alla fine del mese scorso.

Il presidente russo Vladimir Putin ha detto all'inizio di questa settimana che il suo paese è sopravvissuto a un "blitzkrieg economico" di sanzioni internazionali. Nel fare ciò, ha avvertito che la Russia dovrà affrontare un aumento della disoccupazione e dell'inflazione mentre si adatta alla nuova realtà. La nuova situazione richiederà "profondi cambiamenti strutturali" nell'economia russa, secondo Putin.

Putin ha riconosciuto che "l'aumento dei prezzi sta colpendo seriamente il reddito delle persone". Ha detto che il governo ha risorse sufficienti per coprire i costi senza stampare denaro. Nel farlo, non è entrato nei dettagli.

Il capo della banca centrale russa Elvira Nabiullina dovrebbe commentare la decisione sui tassi di interesse venerdì pomeriggio. Putin vuole riconfermare l'economista, che ha guidato la banca centrale dal 2013.

Il ministro tedesco cerca un'alternativa al gas russo nella regione del Golfo

Il ministro dell'economia e del clima della Germania è in viaggio nel Golfo Persico questo fine settimana come parte degli sforzi per ridurre la dipendenza della Germania dal gas della Russia. Il Qatar, la prima destinazione del ministro Robert Habeck, è uno dei maggiori esportatori al mondo di gas naturale liquefatto. Questo cosiddetto lng potrebbe essere un'alternativa interessante per le forniture energetiche tedesche, ma attualmente il gas del Qatar va principalmente in Asia.

La Germania ha bisogno di più gas liquefatto per i terminali Lng che vuole costruire, ha sottolineato Habeck. Tuttavia, ha aggiunto che questo combustibile fossile dovrebbe essere usato solo "temporaneamente e a breve termine", come una sorta di tappa intermedia verso fonti di energia più sostenibili. Il politico di Bündnis 90/Die Grünen vede opportunità in una transizione dal gas naturale convenzionale all'idrogeno verde e ha anche detto che la guerra in Ucraina ha reso questa transizione più urgente.

Porto di Rotterdam: traffico di container particolarmente colpito dalle sanzioni

Nel porto di Rotterdam, il trasporto di container in particolare sta sentendo l'impatto delle sanzioni imposte alla Russia a causa della guerra in Ucraina. Secondo l'Autorità Portuale, l'incertezza sulle sanzioni è in parte responsabile del fatto che i terminali e le compagnie di navigazione non accettano più o non gestiscono affatto i container con destinazione Russia.

Circa l'8% del trasporto di container attraverso Rotterdam è collegato alla Russia. Un gran numero di merci sono soggette al divieto di esportazione, comprese le merci che possono essere usate sia per scopi civili che militari, i cosiddetti "beni a doppio uso". Poiché non è sempre chiaro cosa sia e cosa non sia coperto dalle sanzioni, molte compagnie scelgono in anticipo di non trattare questi carichi. Un altro fattore è che non è certo se e quando la dogana, che è responsabile delle ispezioni, rilascerà i container in questione.

Un altro punto che rende le aziende caute è che non è chiaro come si svilupperà la guerra in Ucraina. Anche i rischi di pagamento giocano un ruolo in questo. Secondo l'Autorità Portuale, non è chiaro cosa significheranno gli sviluppi in Ucraina per i flussi commerciali nel prossimo periodo.

L'importazione di energia come il petrolio greggio, i prodotti petroliferi, il gas naturale liquefatto (lng) e il carbone non è influenzato dalle sanzioni in questo momento. Dei quasi 470 milioni di tonnellate di trasbordo a Rotterdam, 62 milioni di tonnellate sono orientate alla Russia, secondo l'Autorità Portuale. Attualmente, circa il 30 per cento del petrolio greggio proviene dalla Russia e un quarto del lng. Inoltre, la Russia rappresenta il 20 per cento dei prodotti petroliferi e del carbone spediti.

La Russia esporta anche acciaio, rame, alluminio e nichel attraverso Rotterdam, tra le altre cose. Per il momento, anche questo non rientra nelle restrizioni commerciali annunciate dall'Unione Europea.

113

www.ingramcontent.com/pod-product-compliance
Lightning Source LLC
Chambersburg PA
CBHW070910160726
48004CB00003B/1311